Rolf Weber

Sukuh und *Ceto*,
zwei vergessene geheimnisvolle Heiligtümer Zentraljavas

Ein Lesebuch für Reisende und Entdecker
der Tempel Süd-Ost-Asiens

© 2020 Rolf Weber

Herausgeber: Verlag & Druck: tredition GmbH, Halenreie 40-44, 22359 Hamburg

© Autor: Rolf Weber
Umschlaggestaltung, Illustration: Rolf Weber

ISBN Paperback: 978-3-347-02807-4
ISBN Hardcover: 978-3-347-02808-1
ISBN e-Book: 978-3-347-02838-8

Das Werk, einschließlich seiner Teile, ist urheberrechtlich geschützt. Jede Verwertung ist ohne Zustimmung des Verlages und des Autors unzulässig. Dies gilt insbesondere für die elektronische oder sonstige Vervielfältigung, Übersetzung, Verbreitung und öffentliche Zugänglichmachung.

Bibliografische Information der Deutschen Nationalbibliothek:
Die Deutsche Nationalbibliothek verzeichnet diese Publikation in der Deutschen Nationalbibliografie; detaillierte bibliografische Daten sind im Internet über http://dnb.dnb.de abrufbar.

Inhaltsangabe

Sukuh, ein hinduistisch-javanisch-megalithisches Heiligtum aus dem 15. Jahrhundert unserer Zeit ... 7

Sukuh, ein tirtha und sunya, ein stiller Badeplatz? ... 16

Die nördliche Plattform der dritten Terrasse ... 28

Die große Pyramide ... 42

Die südliche Plattform ... 54

Das Schmiederelief ... 63

Steintafeln des Kidung Sudamala, des Epos Sudamala ... 72

Candi Ceto, ein wieder besuchtes Fruchtbarkeitsheiligtum? ... 80

Rituale und sexuelle Praktiken um Sukuh und Ceto ... 100

Reiseblatt Tempel Sukuh und Ceto am Vulkan Lawu ... 108

Sukuh, ein *hinduistisch-javanisch-megalithisches* Heiligtum aus dem 15. Jahrhundert unserer Zeit

Als wollte er sein 'Anderssein' durch seine abseitige und versteckte Lage unterstreichen, wollte sein Anderssein wie der *Hindu*-Tempel der *Prambanan*-Ebene, des *Dieng* oder der Gedong *Songo* Gruppe dadurch hervorheben. Deshalb wurde *Candi Sukuh* an einen Vulkanabhang gebaut, nutzte man die traumhafte Lage und den Ausblick für seine altjavanisch-hinduistische Glaubensgemeinschaft des 15. Jahrhundert n.u.Z. Grundelemente eines hinduistischen Tempels sind zwar vorhanden, aber *Sukuh* und auch das Nachbarheiligtum *Ceto* weichen von der Bauart der Hindutempel ab und

Abb. 1. Blick von der Anhöhe des Sukuh-Tempels nach Westen in die Ebene von Solo und Kranganyar. Der Blick über die Gartenlandschaft verliert sich im Dunst des Nachmittags. Foto: Inge und Fritz (Germany 2015).

zeigten die Form eines Pyramidenstumpfes, der hier fremdartig und eher in Mittelamerika bekannt ist. Der niederländische Wissenschaftler *Heine-Geldern* erkannte das Erblühen einer lokalen sehr mit urjavanischen Kulten besetzten religiösen Bewegung in Zentral- und Ost-Java im 15. Jahrhundert, bevor der Islam in Java sich durchsetzen konnte. Diese Glaubensgemeinschaften bauten Pyramidenstümpfe für ihre terrassierten Heiligtümer und zelebrierten Reinigungsriten für die Seelen der toten Ahnen, sowie für die Lebenden insbesondere gegen die Bedrohungen einer boshaften Unterwelt, um so ein ewiges reines Leben zu erlangen. Der französische Gelehrte *Victor M. Fic* hob dabei *Shiva* heraus, den großen Meister der kosmischen Ordnung zusammen mit seinem forschen irdischen Vertreter *Bhima* für Fruchtbarkeit und Wiedergeburt dieses so andersartigen hindu-javanischen Kultes im Heiligtum *Sukuh*. Für *Fic* heißt die Botschaft des *Sukuh*: Kosmische Einheit des Lebens, des Todes und der Geburt.

Warum diese Form des Pyramidenstumpfes als Heiligtum erbaut wurde, bleibt ein großes Rätsel. Möglicherweise stellt sie einen Berg, ein Gebirge dar, die sehr als Bewahrer des geheiligten Wassers, des *amrta*, verehrt wurden, war doch inmitten auf der höchsten Plattform des Pyramidenstumpfes des *Sukuh* das höchste Heiligtum erstellt, nämlich ein beschrifteter und geschmückter schlanker *Phallus*, eigentlich ein *Lingam*, das Symbol des *Shiva*, von 1,80 m Größe über den die Bergwässer rieselten und sich dabei in *amrta* wandelten.

Eine Schwäche des Hinduismus machte den Weg frei für eine Wiederbelebung früherer Fruchtbarkeitsriten, die darin eine unbefleckte Wiedergeburt erkannten. Ruhige und abgelegene Plätze wurden deshalb für reinigende Rituale und zur Abweisung oder Befreiung von teuflisch-dämonischen Kräften der Gläubigen dieser Gemeinschaften bewusst gesucht. Vorige Kultplätze der Ahnen wurden wiedererweckt, besonders wenn diese verschwiegen und wie eine Einsiedelei versteckt lagen und über genügend Wasser verfügten, um als heiliger Platz, als *tirtha*, als Badeplatz, Zuspruch bei den Gläubigen zu finden. Anhänger und Pilger besuchten diese Heiligtümer, um sich durch geheiligtes Wasser zu läutern und um ihre sündigen und beschmutzten Seelen und die ihrer Ahnen zu befreien. W.F. *Stutterheim*, ein anderer niederländischer Wissenschaftler, sah *Sukuh* und sein Mysterium als Quelle der Kraft für die Gläubigen, um sich vom Fluch des Bösen zu befreien und die Reinigung der eigenen Seelen der von verstorbenen Ahnen zu erreichen. In anderen Auslegungen wird der Tempel zwar auch als Medium einmal der eigenen Erlösung aber auch der der Ahnen von bösen, irdischen Fesseln vor dem Hintergrund eines prähistorischen religiösen Kultes verstanden, aber mit einer stark veränderten Sichtweise, die aus falsch verstandenen Inschriften und unbrauchbaren einseitig interpretierten literarischen Verweisen sich begründen lässt. Sie versprechen dem Pilger und Gläubigen eine sehr zielgerichtete und ihm schmeichelnde Gewissheit einer Läuterung und Befreiung durch erotische, gar sexistische Handlungen.

Jüngere wissenschaftliche Untersuchungen zu dem Mysterium *Sukuh* beschreiben in detaillierten Analysen das Monument als eigenständiges Kunstwerk mit bildhaften inneren Formen und Begriffen, die sich dabei schon auf literarische Quellen stützen. Das Erblühen der mehr ländlich geprägten Religion am Ende der Hindu Periode wird somit in einem Gesamtzusammenhang mit der Geschichte Ost Javas und des Zerfalls der *Majapahit* Reiches und seiner Dynastie gesehen. Sicherlich sind Elemente von *Shiva*, *Vishnu* und vom *Buddhismus*, sowie tantrische Auslegungen geblieben, aber der Kern sah javanische Urelemente der Ahnenverehrung sich neu beleben. Erkenntnissen über die religiöse Bedeutung führen, insbesondere für die Zeit von der ersten bis zur letzten Inschrift der Jahre 1416 bis 1459 n.u.Z. unter weiteren an die westlichen Hänge des Berges *Lawu*. Von Relevanz ist hierbei, dass *Sukuh* als sakraler Komplex, als heiliger Bezirk verstanden wurde, der mit und durch besondere Riten sowohl in einen Prozess der Reinigung spirituelle Energien auslöste, die zu einer sexuellen Befreiung und Fruchtbarkeit führten.

Vielleicht war das Heiligtum auch eine Art Wallfahrtsort, weil unterhalb des Terrassenheiligtums ein Schrein am Wegesrand noch heute zu betrachten ist, dessen Ruine einzelne Erzählungen aus dem *Kidung Sudamala* erahnen lässt. Ob noch weitere Schreine früher am Weg standen ist unbekannt.

Unter Königin *Suhita* des großen Herrschers des *Majapahit* Reiches *Hayam Wuruk* Enkeltochter, die mit ihrem Ehemann von 1429 bis 1447 n.u.Z. die Geschicke des nach dem Tod des Großvaters langsam zerfallenden ostjavanischen Reiches führte, erstarkte die von ihren Vorfahren früher eingeleitete geistige und religiöse Abkehr des sich im Niedergang dahinschleppenden traditionellen Hindu-Kultes und brachte ein Wiedererstarken eines archaisch javanischen Spirit, der sich als "Herr der Berge" verstand. Diese Prozesse wurden vermutlich anfangs von einer lokalen Elite angestoßen und zelebriert, die sich als Erneuerer eines reinen Menschen sah, um Gesellschaft und Kosmos wieder zu beleben, zu stabilisieren und im Gleichgewicht zu halten. Die Begründung leitet sich in konsequenter Weise aus altjavanischen Reinigungs- und Fruchtbarkeitsriten im Verbund zu hinduistischen Gottheiten und ihren Helfern ab und dies trotz aller sichtbaren Differenzen. Eine ausschließlich religiöse Ideologie des *Sukuh,* um sie begrifflich zu fassen zu suchen, schiebt sie keineswegs an den Rand einer javanisch-hinduistischen Religion, etwa auch wegen des Erstarken der megalithischen Kunst, vielmehr ist sie als ein Teil dieser Religion zu verstehen und in ihrer außergewöhnlichen Thematik durch ihre Skulpturen, Reliefs und Inschriften bewiesen.

Von der Stadt *Surakarta* aus, bis heute noch unter ihrem alten Namen *Solo* gerufen, führt eine Straße etwa 35 Kilometer ostwärts über den Ort *Karanganyar*, zum Westhang des schlafenden Vulkans *Lawu* (~ 3300 m). Versteckt auf einer Höhe von 900 und 1500 Metern finden sich zwei Tempel oder das, was von beiden übrig geblieben ist. Der höher gelegene heißt *Ceto*, der andere *Sukuh*. Es mag sein, dass diese mythische und geheimnisvoll aussehende Landschaft am Hang des einstigen Vulkans *Lawu* die Menschen von jeher anlockte und sie diesen Ort deswegen aussuchten, um sich für ihre Zeremonien hier zu versammeln, ganz so wie es auch ihr *Adat* es vorgab und wie es über Jahrhunderte, eher Jahrtausende von Generation zu Generation weiter gegeben wurde. Nicht nur in Java spielen Berge und Gebirge eine lebenswichtige Rolle für die bäuerliche Welt, Wolken türmen sich über ihnen und gießen reichlich fruchtbares Nass über das Land, sie waren schon immer der göttliche Wohnsitz.

Als der Hinduismus ab der Zeitenwende mit Händlern und Seefahrern auf ihre Insel kam, dauerte es eine erstaunlich lange Zeit bevor sich die Urbevölkerung zu den indischen Göttern bekannten. Es liegt nun einmal in der Natur der Malaien allem Fremden gegenüber sehr zurückhaltend zu sein. Als diese indischen Götter zu ihnen kamen, behielten sie ihre Traditionen. Warum sollten sie auch ihr *Adat* aufgeben? Sie räumten den neuen Göttern ihren Platz ein, ohne ihren früheren Göttern und Geistern abzuschwören. Diese waren zuvor immer für sie da, ebenso zum Schutz ihrer Ahnen. Zudem konnten sie in *Shiva*, *Vishnu* und *Brahma* durchaus die Kraft und Besonderheiten eigener Götter wiederkennen. Die Tempel, in denen *Lingams* als göttliche Inkarnation aufgestellt wurden, um das für diese bäuerliche Gesellschaft so wichtige Wasser der Reisfelder zu segnen und ihm Kraft einzuhauchen, erfüllte ihre Hoffnungen auf gute Ernten. So erwuchs in ihnen das Vertrauen zu den neuen Göttern, um sich ihnen und ihrer allumfassenden Macht demütig zu unterwerfen.

Erst befruchtete das geheiligte Wasser die Felder, doch bald wurde es im Tempel zur reinigenden Kraft für Menschen und die Seelen der Verstorbenen. Das geheiligte Wasser, das *amrta*, lief Tag und Nacht von ihrem Berg *Lawu* für sie herab, um mit stetem Fluss, über den *Lingam* zu *amrta* gewandelt zu werden.

Von den ersten Bewohnern dieser Landschaft am Berg *Lawu* weiß man nur wenig. Es war sicher eine ländlich bäuerliche Gesellschaft mit sehr festen Traditionen und strenger Ahnenverehrung, die mit dem Nassreisanbau und wenigen anderen landwirtschaftlichen Produkten ihr Dasein meisterte. Auf einem frühen Relief der *Majapahit*zeit (1293 - ~ 1527 n.u.Z.) eines anderen Tempels sind schon befestigte Wege zu erkennen, die zu ummauerten Siedlungen führten und innerhalb dieser rechteckigen Mauern stehen Häuser und andere Gebäude. Solche Ansiedlungen wurden *kuwu* genannt, Vornehme lebten hier mit ihren Familien, Dienern und Sklaven, wobei es kein einheitliches Bild gibt (siehe Abb. 2). Die *kuwu* konnten von Landschaft zu Landschaft variieren, ländliche Siedlungen im heutigen Bali sind durchaus als Vergleich heranzuziehen.

In der Zeit als *Sukuh* und *Ceto* gebaut wurden, war das *Majapahitreich* bereits durch innere Streitigkeiten geschwächt, beherrschte aber immer noch von seinem ostjavanischen Territorium aus, große Gebiete des Archipels. Die ab dem Ende des 13. Jahrhunderts zunehmende Machtentfaltung der *Majapahit* war nicht das Ergebnis eines konsequenten Reisanbaues und eines strikten Zoll- und Steuereintreibens, wie von einigen Autoren angenommen wurde, sondern resultierte von Überschüssen aus dem blühenden Handel und den anfallenden Einnahmen daraus, sowie der Eroberung von weiteren anderen Handelsstaaten wie das vorige *Śrīvijaya*. Der im 13./14. Jahrhundert aufkommende Aufschwung der Ökonomie, insbesondere der

Abb. 2. Relief aus einem unbekannten Tempel. Zwischen den Bergen werden gesetzte Steine als Straße angedeutet, die zu zwei ummauerten 'Kuwus' (Gehöfte) führt, auf den Bergen sind Fruchtbäume (Bananen) gepflanzt. Auch um die umfriedeten Siedlungen stehen Fruchtbäume.

Gewürzhandel nach Europa, veränderte zwangsläufig das Leben der Menschen, ihre Kultur und Religion.

Der Handel ließ die Nordostküste Javas sowie die Südküste Borneos durch den Schiffsbau und die Ausfuhr von tropischen Produkten wie Holz, Gewürzen, wohlriechenden Harzen und anderem erblühen. Von den *Molukken* und anderen Gewürzinseln transportierten die Boote Nelken und Muskat vornehmlich zu den Küsten Javas, zu den Städten *Banten*, *Cheribon*, *Jepara*, *Tuban* und *Surabaya*, die sich im Lauf zweier Jahrhunderte zu Handelszentren entwickelten. Im Hinterland, wie etwa um den Berg *Lawu*, stieg die Nachfrage nach Reis und anderen Produkten des täglichen Bedarfs, die es an die Küsten zu liefern galt, was auch im Hinterland zu einer deutlichen wirtschaftlichen Verbesserung führte. Der ökonomische Erfolg stärkte das Selbstbewusstsein der Bewohner und ihres kulturellen Lebens. Ein erlahmter Hinduismus hatte sich längst von den niederen Kasten entfernt und entfremdet, diese suchte andere Wege zur Erfüllung. Die Landbewohner wandten sich wieder ihren alten Kulten zu, die für sie nie ganz in Vergessenheit geraten waren, die um den Vulkan *Lawu* lebte und deren Kultur und insbesondere ihre Religion, zeigte sich zu dieser Zeit sichtbar anders und offen für Veränderungen. Sie ermöglichte die Verbindung mit mythischen und eindringenden tantrischen Reformen und Riten, denn diese und ihre Zeremonien fanden Zuspruch, versprachen vor allem lebensnahe Hoffnung auf ein zufriedeneres Dasein und Erlösung nach dem Tod.

Ein weiterer Unterschied zeigte sich deutlich im Tempelbau. *Sukuh* war nicht ein Hindu-Tempel wie andere, er wurde nach einer neuen und veränderten kosmischen Ordnung erbaut. *Shiva*, immer noch als göttlicher Meister dieser Ordnung und *Bhima* als sein größter menschlicher Gehilfe, der durch *amrta* geläutert wurde, banden die heilige Stätte *Sukuh* in diese Ordnung ein. Die neue Bauweise wurde zum Spiegel der Veränderungen. *Sukuh*, dessen Haupttempel auf der obersten Terrasse sogar mit einem Maya-Tempel Mittelamerikas verglichen wurde, ruft bis heute großes Erstaunen über sein „Ganzanderssein" hervor. Vielleicht staunt der Besucher aber noch mehr über das gesamte Ensemble, so wie sich der Tempel an den Berghang schmiegt, ein so fremdartiger Tempel und doch in vollkommener javanisch-hinduistischer Tradition.

Nicht nur die Bauweise der Tempel veränderte sich. Die Religion und deren Annahme durch die Bevölkerung am heiligen Berg *Lawu brachte*, angefacht durch die Wiederbelebung uralter Gottheiten und mythischer Wesen ihrer megalithischen Kultur und Religion den Wandel. Ihr Einfluss durchdrang die gesamte Struktur des *Sukuh*-Tempels auf vielfältige Art und Weise, wie sich diese auch bei anderen prähinduistischen Terrassenheiligtümern der Umgebung zeigt.

Die Heiligtümer *Sukuh* und *Ceto* erwuchsen am Ende der Epoche der *Majahapit*. Könnten deshalb die Bauwerke nicht auch als Dank an Götter und gute Dämonen für ihr irdisches Glück gesehen werden? Wohl kaum, denn diese Tempel sind zu einzigartig. Nicht nur, weil starke Götter, die zuerst aus dem Hinduismus kamen, eine veränderte Anerkennung fanden. Zum einen vollzogen sie für die Menschen wichtige göttliche Taten, sie waren eingebunden in die Wandlung des Wassers zu *amrta* und machten das Lebenselixier für Lebende und Tode zugänglich. Zum anderen fanden uralte eigene Götter und noch mehr die Dämonenwelt Raum bei Verehrung und Anbetung durch die Waschungen und Reinigungen. Daraus resultierte eine Ehrung der Kriegerkaste und ihrer Männlichkeit, ihrer Kraft und Energie in Bezug auf Fruchtbarkeit. Die breitschultrig zur Schau gestellte Männlichkeit einiger Skulpturen spricht für sich. Ihr wurde im *Sukuh* Raum und Ort gegeben und damit Anerkennung zuteil.

Der gesamte Tempelgrund des *Sukuh* umfasst 5500 m², der sich in drei aufsteigenden Terrassen, durch Aufgänge miteinander verbunden, zusammenfügt und vom westlichen Haupteingangstor nach Osten treppenartig ansteigt, wobei von der ersten bis zur dritten die religiöse Bedeutung zunimmt. Die einzelnen Terrassen waren dazu mit Steinwällen umgeben.

Die Helden der großen Epen des *Mahabaratha* und des *Ramayana* wurden zu Trägern und Mittlern, zwar von *Shiva*, *Vishnu* und anderen Göttern erwählt, die sie dann aber ersetzten. Da ist einmal die *Pandava*-Familie des *Mahabaratha*, die hier im *Candi Sukuh* zu vielen Ehrungen gelangte, nicht zuletzt durch den Helden *Bhima*, aber auch durch seine Brüder. Er ist dabei nicht nur ein Vertreter der Kriegerkaste, viel wichtiger, er beschreitet nach seiner Befreiung aus den Klauen der Göttin *Durga* seine Reinigung hin zur Läuterung und zu seiner Neugeburt in einer mythischen Gebärmutter (vgl. Abb. 14). All dies um die Götter, die das *amrta* besitzen, anzuflehen, ihm *amrta* um seiner Eltern willen zu deren und der Menschen Befreiung und Läuterung zu schenken. Er, der neu aus einem mythischen Uterus geboren wird, will und muss eine jenseitige Neugeburt aller Menschen dadurch bewirken. Nur so kann er sie von ihren Sünden und zugleich von ihren Höllenqualen erlösen. *Bhima* wird auch in einem mythischen Relief zum Schmied, er allein hat die Macht über das Feuer, um Eisen zu schmieden, das dann Kräfte und Energie verinnerlicht und aufnimmt, was kein anderes Element ersetzen kann und durch das Schmieden Läuterung und Reinheit erfährt.

Als das Heiligtum im 19. Jahrhundert ins Blickfeld der Erforschung rückte, wurde recht schnell klar, dass es sich um ein besonderes Heiligtum handelt dessen Architektur, Reliefs und Statuen zwar einige hinduistische Götter darstellten, auch Mythen und Inhalte hinduistisch waren, aber schon der als Pyramidenstumpf treppenartig gebaute zentrale Hauptbau unterschied sich völlig von den bekannten indisch-javanischen Bauten. Statuen und mit Reliefs versehene große Steinquader, der Bau von besonderen Erhöhungen und Plattformen als Zeremonienplätze, die Opferstellen, alles das stellte eine architektonisch einmalige kulturell-religiös-mythische Stätte dar, die so zuvor nicht bekannt war. Darüber besteht große Übereinstimmung. Diese Auffassung wird gestützt und hervorgehoben sowohl durch lokale literarische Texte

als auch besondere Skulpturen von Schildkröten oder des himmlischen Vogels Garuda, weshalb sie gerade am *Sukuh* zu finden sind.
Man fand sich urplötzlich in megalithische Vorzeiten versetzt, in denen Menschen Orte für sich und ihre mythische Ahnenverehrung, für Fruchtbarkeitszeremonien und Dämonenopfer aufsuchten, um die Seelen ihrer Verstorbenen vor dem Höllenfeuer zu bewahren und um damit auf jenseitiges Leben Einfluss auszuüben. Dies geschah alles noch unter den Augen der hinduistischen Götter wie *Vishnu*, *Garuda* und anderen. Es stellt sich deshalb die Frage, ob deren Wirken dadurch nicht verdrängt wurde. Dies war nicht der Fall, denn die Menschen sahen keinen Gegensatz darin. In einer Akkulturation neuer und alter Religion wurden Mythen, Legenden und Riten von der Bevölkerung nicht nur angenommen, sondern gelebt. Über Jahrhunderte wurden Epen wie das *Mahabaratha*, das *Ramayana* in die Erzählungen des eigenen Kulturkreises integriert. Die Menschen verbanden ganz bewusst ihr Leben mit den Mythen und Legenden der indisch geprägten Kultur, die sie zwischenzeitlich angenommen hatten. Diese wieder zu ächten war nicht der Weg, nur eine Zusammenführung war vorstellbar, weil es unverrückbar und unauslöschlich in ihnen durch Traditionen gefestigt und verankert war. Der Platz, an dem *Sukuh* nun erbaut wurde, war schon vor der indischen Zeit ein Zeremonienplatz für megalithische Formen lokaler Religionspraktiken mit der Verehrung von Berggeistern, alten Fruchtbarkeitskulten und Beschwörungen, nun ergänzt durch mythisch tantrische Auslegungen der hinduistischen Religion. In der Zusammenführung wurden sie zum Weg der Erlösung und Läuterung der Seelen der Vorfahren und Findung der ewigen Ruhe sowie den Gebeten um Fruchtbarkeit und zur Besänftigung der Geister und Dämonen. Das *amrta*, das durch die Götter geschaffene geheiligte Wasser des Berges *Lawu*, wurde hier verehrt und den Ahnen und den Lebenden gereicht.
Bei jüngeren Nachforschungen wurden mehr und mehr Details dieser Religionspraktiken gefunden. Es war nicht im *Sukuh*-Tempel allein, in dem die Reinigungszeremonien zur geistig-seelischen Erneuerung und Läuterung durchgeführt wurden, es wurde eine ganze Reihe von Plätzen und Orten erkannt und entdeckt, an denen sie stattfanden. Es war der Elite, vielleicht Brahmanen oder anderen Adligen und vermutlich der Kriegerkaste vorbehalten, diese Zeremonien mit Ihresgleichen und eifrigen Pilgern zu feiern und die Verbindungen zu Göttern und Dämonen zu suchen. An bestimmtem Tagen kamen die Menschen zusammen, so wird gar von einem "Tag des Kriegers" berichtet, an dem man sich in der Bergwelt des *Sukuh* traf, ein Martyrium dabei nachzeichnete und die Götter um Beistand anflehte. In den Bergwässern zu *amrta* geworden, reinigten sich die Gläubigen in großen Bottichen, badeten, um Geist und Seele zu läutern und gleichzeitig das Böse in Form von Dämonen und bösartigen Bergbewohnern abzuwehren, zu vertreiben oder zu bekämpfen.

Heute gibt es längst nicht so viele Besucher oder Touristen wie beim *Borobudur* oder *Prambanan*, die sich hierher begeben oder verirren, um sich von der Zauberwelt und den Geheimnissen des rätselhaften *Candi Sukuh* einfangen zu lassen. Einheimische erzählen, dass an bestimmten Tagen, etwa zum Neujahr, viele Jugendliche kommen, um das Neue Jahr hier zu beginnen, weil sie Übernatürliches an diesem Platz sehen oder zumindest erhoffen. Einige wollen in bestimmten Steinbildern Wesen eines anderen Planeten erkennen, andere glauben, dass zuvor Bewohner eines anderen Erdteiles hier waren, wie sonst käme es zum Bau eines Monuments, das den Pyramiden der Maya in Mittelamerika gleicht! Junge Paare kommen, um Kindersegen zu erbitten, sie hoffen, dass die Kraft des Ortes endlich ihren Kinderwunsch erfüllt. Wieder andere toben und tollen herum, sehen in ithyphallischen Artefakten und Übertreibungen eine lockere moralische Epoche, sehnen sich diese wieder herbei, um sie nachzuleben.

Fremde Besucher stehen manchmal nachdenklich vor den seltsam erscheinenden Steinbildern, die geheimnisvoll und rätselhaft vor ihnen stehen. Einige schütteln schon mal den Kopf und geben ihr Unverständnis damit zu erkennen. Ob deswegen nur wenige Besucher zum geheimnisvollen *Candi Sukuh* kommen, in diese wunderschöne Landschaft, die vom nachmittäglichen gleißenden Sonnenlicht schier überflutet wird?

Vom unteren Hang weht eine leichte Brise zum Berg hoch, den man wegen der Bewaldung durch zottige *Kasuarinen* nicht sehen und ihn deswegen nur in den Wolkenbergen erahnen kann. In den langen haarähnlichen Ästchen der Bäume verfängt sich kräuselnd der Wind. Er schüttelt die Bäume tüchtig und bringt so eine angenehme Frische in die tropische Mittagsglut. An Regentagen erzeugen Nebelschwaden und Wolken mystische Momente, ver-

Abb. 3. Kasuarine.
Foto: Inge und Fritz (Germany 2015).

stärken die geheimnisvolle Atmosphäre, wenn der Wind die Nebel wild durch das Geäst jagt und sich seine Geisterwelt selbst erzaubert.

Es muss die alles umfassende tiefe Ruhe und Ausstrahlung des Ortes gewesen sein, welche die Menschen im 15. Jahrhundert bewog, diesen Ort der Stille für sich einzunehmen, um an möglichen Begegnungen mit ihren Ahnen, deren Seelen und ihren Geheimnissen und Offenbarungen teilhaben zu können, auch nach Jenseitigem und Göttlichem zu suchen, sich zu reinigen und um gefallene Seelen der Ahnen zu befreien. Diese vollendete Berglandschaft entsprach ihrer Vorstellung von natürlicher und göttlicher Vollkommenheit. Unaufhörlich floss das Wasser aus den Bergkaskaden. Die Brahmanen leiteten es in den Tempel und seine Wasserheiligtümer, durch die Verwandlung beim überströmen des *Lingams* nahm *es* Kraft und Segen für Reinheit und Fruchtbarkeit auf, wurde zu dem gesuchten Lebenselixier. Es ist nicht zuletzt das Wasser, das *Sukuh* seine Besonderheit gibt und diesen Platz dem alltäglich Irdischen entrückt. Hier fanden und spürten die Menschen Verbundenheit mit der sie umgebenden Natur und blickten in sich selbst, konnten und wollten Zwiesprache halten, um Segen und Reinigung von ihren Sünden für sich und die Familien zu erbitten und zu erflehen.

Vielleicht waren es auch junge Paare, die sich Kinder wünschten und hierher pilgerten, denn vieles deutet auf eine Thematisierung eines tantrisch erotischen Glaubens hin. *Sukuh* ist ein einzigartiger Tempel einer tantrischen Auslegung einer Glaubensrichtung, die sich kraftvoll und energiegeladen darstellt, um nicht nur durch Reinigung, sondern Fruchtbarkeit eine Erneuerung zu gewinnen sucht. Im Tempel vollbringen Priester eher die Aufgabe von *Schamanen*, welche die Riten und Zeremonien tätig begleiten. *Bhima* als Mittler *Shivas* und schamanischer Schmied vollzieht die Wandlung, als gereinigter Held, Ritter und Krieger erfleht er von den Göttern das *amrta*, um die Menschen zu erlösen und zu befreien.

Die Zeugung von reinem Leben in einem himmlisch kosmischen Zyklus wird zum dauerhaften Neubeginn des menschlichen Lebens. Schon beim Eintreten in den Tempelgrund wird der Besucher und Pilger mit einem der wichtigsten Objekte konfrontiert: *Lingam* (Phallus) *und Yoni* (Vulva) (siehe Abb.7) in unzweideutiger Art dargeboten, um dem Gläubigen als Geburtssymbol des menschlichen Daseins diesen Weg zu öffnen. Im Herzen des *Sukuh* fand der Pilger dann am Ende seines Zeremonienweges als Vollendung seiner Hoffnung das *Lingam*, das ihm das *amrta* zur inneren und äußeren Reinigung wandelte und darbot.

Sukuh, ein *tirtha* und *sunya*, ein stiller Badeplatz?

Als *tirtha* wurde ursprünglich eine Furt bezeichnet, ein Weg durch einen Wasserlauf, um von einem Ufer zum anderen zu gelangen. Später veränderte sich der Begriff, und unter *tirtha* wurde ein Badeplatz verstanden, von dem

Energie und Stärke vom Bad zum Badenden geht. *Sunya* sind dabei ausgesuchte ruhige Orte und Plätze, die zum Verweilen einladen, Orte fern von öffentlichem Lärm und Geschrei dieser so lauten Welt. In einer Inschrift von 1439 wird *Sukuh* als *thirtha* beschrieben, als ein ruhiger Ort mit Wasser, eigentlich noch allgemeiner als ein Wasserplatz, ein heiliger Badeplatz.
Baderituale werden in altjavanischen Versen, den *kakawin*, beschrieben, sie sind hoch angesehen zur Reinigung und um gesundheitliche Stärkung zu erfahren, da eine Kraft von der Reinigung ausgeht. *Thirta* schließt dabei die Vorstellung ein, von einem bestimmten inneren Zustand in einen anderen, geklärten, gereinigten und befreiten Zustand überzugehen. Diesen erreicht der Gläubige, indem er sich der Waschung unterzieht. Vermutlich gab es mehrere solcher *thirta* Badeplätze, verteilt über den Tempelgrund des *Sukuh*, vielleicht auch nur auf der dritten Terrasse, da es hier einen Umlauf, eine *pradaksina* gab, in dem der Gläubige seine Reinigungen mehrmals wiederholen konnte. Für einen Krieger, einen Ritter war es verpflichtend, so berichten es literarische Quellen, zu bestimmten Zeiten innere und äußere Reinigungen vorzunehmen, dies schrieb der strenge Ehrenkodex der Angehörigen der *ksatriya*-Kaste vor. Einzelnen Reliefs des *Sudamala* sind wie Wegweiser für die hier agierenden Krieger zu sehen. *Sadewa* und *Nakula*, *Bhima* und *Arjuna* erscheinen als Protagonisten, als Medium, denen es nachzueifern galt, wenn der Badenden in sein Bad sich begab, erblickte er auf den einzelnen Reliefs immer Taten der Gebrüder, so sollte er als Handelnder mit eingebunden werden und es ist anzunehmen, dass diese Reliefs bei einem Badeplatz im Bezirk des *Sukuh* aufgestellt und benutzt wurden.
Die javanische Form der *ksatriya* verlangt ein strenges heroisches Auftreten mit entsprechenden geistig begleitenden Attributen, beispielhaft vorgestellt von den *Pandava*-Brüdern, den wahren Siegern des *Mahabarata*. Diese treten in den Reliefs stets so auf, dass es den Pilgern und Teilnehmern leicht fällt den Heroen nachzueifern. In dem Augenblick, in dem der Pilger in die Badeeinrichtung (*thirta*) eintaucht, sieht er sich über den inneren Kampf und Zwiespalt mit den vor ihm auf dem Relief dargestellten *Pandavas* konfrontiert und wird dadurch inspiriert. Er wird die Entschlossenheit, den starken Willen und den Wunsch des Heroen *Bhima* erkennen, die inneren Furien und Dämonen besiegen zu wollen. *Bhima* und ebenso *Arjuna* sind die Träger und Vollstrecker der Weltordnung, die, falls gestört, durch sie wiederhergestellt werden muss. Betrachtet man die Elemente dieser hindu-javanischen Kultur und Religion, dann erkennt man die uralten Bräuche des *Adat* ebenso wie die Götter des Hinduglaubens. Hinzu kommen regionale Unterschiede, ähnlich wie sie im heutigen hinduistischen Bali von Ort zu Ort bemerkbar sind. Auch wenn bei der Interpretation der Kunstwerke auf Grund unterschiedlicher lokaler Praktiken Differenzen auftreten, bestätigen diese doch das Gesamtbild. *Sukuh* unterstreicht diese Erkenntnis mit seinen Kunstwerken trotz seiner Besonderheiten. Wenn hier männliche Fruchtbarkeitsriten zelebriert wurden, dann ist dies eine Form, die durch bestimmte Gruppen

hier hingetragen wurde, ohne dabei die Grundelemente der hinduistischen Religion in Frage zu stellen.

Das Haupttor – ein *paduraksa*, ein überdachtes Tor

Abb. 4. Westliches Haupteingangstor.
Foto: Inge und Fritz (Germany 2015).

Pilger und Gläubige betraten den heiligen Ort durch ein großes überdachtes Tor auf der Westseite. Dieses große *paduraksa* stellt für sich betrachtet ein besonderes architektonisches Objekt dar. Die Außenmauern laufen schräg nach oben, sie sind mit bearbeiteten und behauenen Steinen verkleidet und sehr gut gesetzt. Überdacht war das Tor mit einem Sturz, der nur noch bruchstückhaft vorhanden ist. Der Eingang wurde durch ein *Kala*-Antlitz innen und außen beschützt.

Der Aufgang ist beidseitig mit einer Bekleidung versehen, wie sie auch beim Haupttempel zu finden ist. Nach einigen Stufen von unten verleiht ein Absatz des Baues ein besseres Fundament, auch wollte man durch das Zurücksetzen den Eingang für Eintretende nicht zu eng gestalten. Das Tor verbreitert sich im oberen Teil zu einer kleinen aufgesetzten, eingemauerten Pyramide, die leider wegen der Zerstörung kaum mehr zu erkennen ist (s. Abb. 4). Beidseitig sind die Ansichten der Westseiten dieser aufgesetzten Pyramide mit Reliefs versehen. Auf der linken Nordseite steht ein wuchtiger Mann, ein Riese oder ein Ungeheuer, das einen nackten Knaben oder einen Mann verschlingen will (Abb. 5).

Die furchterregende Kreatur wirkt ungelenk und grob wie viele Figuren, die jedoch dadurch einen eigenen, einmaligen Charakter erhalten, der sonst unbekannt und nur hier am *Sukuh* zu sehen ist.

Breitbeinig, mit nach außen gestellten Füssen, steht der Riese frontal da, den hilflosen Knaben vor seiner Brust. Sein Geschlechtsteil wie das des Opfers wird stark hervorgehoben. An seinem übergroßen Glied sind Kugeln angebracht, wie bei dem großen *Lingam* der Hauptpyramide (vgl. Abb. 23) die eine Reizhilfe darstellen.

Über dem Koloss weit oben schwebt ein Vogel, vielleicht ein Rabe, der in den Bergen lebt und mit allerlei Kunststücken im Wind die Menschen belustigt.

Ein weiterer Vogel, wohl ein Reiher, sitzt auf einem Bambus, ein dritter fast leblos oder schlafend, ist am oberen Ende des Bambus zu sehen. Das Verschlingen des Knaben kann nur als eine Warnung für die Pilger verstanden werden, den heiligen Ort nicht zu entweihen. Als Strafe drohten ihm Pein und Verdammnis, so wie dem Menschen in der Skulptur.

Ein düsteres Bild, das hier dem ankommenden Pilger vor Augen geführt wird. Will es ihn warnen? Will es ihn zur Ehrlichkeit zu sich selbst zwingen? Wird er von einem Höllenungeheuer vertilgt werden, wenn er Unrechtes oder keine Buße tut? Doch alle diese Fragen bleiben offen, eine Antwort wird und kann sich der Pilger und Besucher nur selbst geben. Über dem menschenfressenden Koloss findet sich eine in steingehauene Tafel (Abb. 5) mit der Jahresangabe der vermuteten Einweihung: 1359 =1437 [n.u.Z].

Auf der rechten Seite des Einganges wird ein ähnlich düsteres Bild wiedergegeben: Ein kräftiger, riesenhafter Mann, nicht frontal, sondern seitlich mit angewinkeltem linken Bein, beißt in den Schwanz einer Schlange (s. Abb. 6) oder ist es ein *Naga*, ein Wassergeist oder Wassergott? Ursprünglich trug

Abb. 5. Linke Seite des Eingangstores. Nach *K.C. Gruc* lautet die Inschrift: *Gapura Buta Mangan Wong* = Ein Riese frisst einen Menschen. In einer geheimen Schrift heißt: *Gapura* = 9; *Buta* = 5; *Mangan* = 3; *Wong* = 1. Von rückwärts gelesen ergibt das die Zahl 1359 des *Shaka*-Jahres = 1437 unserer Zeitrechnung.
Foto: Inge und Fritz (Germany 2015).

Abb. 6. Rechte Seite des Eingangsportals. Nach K.C. *Gruc* symbolisiert diese Skulptur das *Saka*-Jahr: 1359. Es heißt: *Gapura beta anhaut buntut* = der Riese frisst den Schwanz der Schlange. Rückwärts gelesen und in Geheimschrift erhält man die Bestätigung des *Saka*-Jahres.
Foto: Inge und Fritz (Germany 2015).

der *Naga* eine Krone, die im Laufe der Zeit abgeschlagen wurde.

Darüber, aber weit nach oben abgesetzt, liegt eine Person, vielleicht auch ein Knabe, was nicht mehr genau zu erkennen ist. Ob die Person einen Getöteten darstellt, lässt sich deswegen nicht sagen und eine Deutung gestaltet sich deswegen schwierig. Auf der Rückseite dieser Eingangspyramide sitzt eine weitere nackte Person und hält ebenfalls das Schwanzende eines *Naga* oder einer Schlange in seiner Hand, das er offensichtlich zu verspeisen sucht. Ob hier mit dem vorderen Relief ein Zusammenhang besteht, ist sehr wahrscheinlich, zumal diese Figur, wenn auch kleiner und zierlicher und Merkmale der Kolosse trägt. Der enge Aufgang ist bewusst nur für eine Person gedacht, damit diese sich auf ihren Weg konzentrieren kann und nicht durch

Gespräche mit anderen Pilgern abgelenkt wird. Danach tritt er unter dem den Eintritt schützenden *Kala* in einen engen Flur auf dessen Boden *Lingam und Yoni* in den Fußbodenstein eingeschnitzt sind und in ihrer Darstellung der Wirklichkeit sehr nahekommen (siehe Abb. 7). *Lingam und Yoni*, die im älteren Hinduismus eine Anwendung in Zeremonien bei Fruchtbarkeitsfeiern fanden, wurden meistens nur als Abstrakta dargestellt, wobei *'Lingam'* auch sprachlich nichts anderes heißt als 'Symbol' und nicht wie oft angenommen als 'Phallus' übersetzt werden darf. *Yoni* dagegen bedeutet Mutterschoß oder ganz allgemein 'Mutter Erde', hier jedoch ist eine *Vulva* dargestellt (Abb. 7).

Abb. 7. *Lingam und Yoni* im Eingang des Hauptportals des *Sukuh*-Tempels. Aus dem Steinfußboden geschlagen.
Foto: Inge und Fritz (Germany 2015.)

Um es nochmals zu verdeutlichen, diese uralten Riten gehen vermutlich schon in eine Zeit zurück, die vor der indischen *Harappa*-Kultur des 3./4. Jahrtausends lag und mit dem Sesshaft werden der Völker zu tun hatte. Erst durch die Feldbestellung sahen und verehrten sie das Wunder von Aussaat und Ernte als göttliches Werk. Ein weiteres Beispiel dazu liefert *Kambodscha* mit der Stadt- und Tempelanlage *Angkor*. Viele zum *Siem Reap* Fluss hinführende Nebenbäche zeigen in ihrem Oberlauf Wasserheiligtümer, die im Bett des Baches in den felsigen Grund geschlagen wurden. *Lingams*, oft hunderte, wurden dabei so in den Wasserlauf gemeißelt, dass sie stetig davon umspült die göttliche Kraft *Shivas* aufnahmen, um sie an Felder, die damit bewässert wurden, abzugeben und diese eingefangene göttliche Kraft die ersehnte Fruchtbarkeit brachte. Dieses geheiligte Wasser wurde gleichzeitig als reinigendes Wasser verstanden, ohne dieses das Göttliche nicht wirksam werden konnte.

Es ist das *amrta* [Ambrosia], das verwandelte, reinigende Wasser, das die Kräfte und Energien weckt, unterstützt und fördert. Der Tempel *Sukuh* war ein solcher Ort und wurde von den Gläubigen dafür angenommen und besucht. Sein Wasserreichtum am Hang des *Vulkan Lawu* machte ihn zum begehrten Platz, zu einem *thirta*.

Der Pilger betritt dann nach dem Treppenaufgang einen kleinen, schmalen Flur, der als Durchlass für eine Person gedacht ist. Steht der Pilger im Flur, dann sieht er zu seinen Füssen vor sich ein in den Stein des Bodens eingemeißeltes Relief von *Lingam und Yoni*, als ein Fruchtbarkeitssymbol, eingerahmt von einem ebenfalls in den Stein geschnitzten Band mit kreisartigen Verzierungen (Abb. 7). Die Darstellung wirkt sehr lebensnah, wenngleich die Verdickungen oder Kugeln unter der Glans des Phallus bis auf Reste zerstört wurden.

Der Eintretende musste zur Fortsetzung seines Weges über dieses Symbol schreiten, wobei er das Relief nicht unbedingt berührte. Nach gültigen religiösen Riten überschritt er ein *Mantra,* auch *Suwuk* genannt, ein Heilszeichen, das ihn frei machte von Sünden und der Reinigung seiner Seele und seiner Gedanken diente.

Dieses Zeichen beinhaltet die Zusammenfassung der göttlichen Energien, konzentriert auf das, was *Sukuh* aussagen will, und wie es die Inschrift auf dem Haupt*lingam* (Abb. 21) festhält, nämlich das göttlich weibliche und männliche Sein oder Wesen, symbolisiert in 'Lingam und Yoni'. Das Symbol 'Lingam /Yoni' war äußeres Zeichen zum Gewinn der Energien, den Schmutz in Seele und Herz auszumerzen, um Heilung und Reinigung in der Erneuerung einer Wiedergeburt zu finden. Dazu waren feierliche Zeremonien und Riten, Bäder und Waschungen mit dem in *amrta* verwandelten Regen- und Bergwässern des *Lawu* im *Sukuh* Heiligtum zu vollziehen.

Möglicherweise wurden bereits im Eingangsflur erste Kulthandlungen vorgenommen werden, jedoch gibt es dafür keine erkennbaren Hinweise. Von hier aus war der Gläubige und Pilger ganz in die Aura des heiligen Bezirkes des Tempels eingebunden, eine mythische Vorstellung nahm ihn ein, bereitete ihn auf alle Beschwernisse vor, die ihn quälten, um sich dieser zu entledigen.

Die Nordseite und die Südseite des Eingangsportals wurden als eine aufgesetzte Pyramide gebaut und mit mythischen Darstellungen geschmückt. Auf der nördlichen und südlichen Schrägmauer sieht man jeweils *Garuda* mit geöffneten Flügeln sitzen, der mit seinen Krallen zwei bekrönte *Nagas* umgreift, sichtbar locker, um sie nicht zu verletzen oder um sie hier vorsichtig abzulegen, gerade so, als hätte er sie eben erst gebracht. *Nagas* sind wichtige Gottheiten in der hinduistischen Mythologie, die als Beschützer und Bewahrer des lebenswichtigen Wassers gelten. Viele Mythen und Geschichten ranken sich um diese Wassergeister.

Abb. 8 zeigt die rechte Seite dieser Pyramide, deren Stufen über dem Garuda zu erkennen sind. Garuda legt gerade die beiden Nagagottheiten auf das Sims. Fast zärtlich hält er seine Klauen um die ineinander verschlungenen Nagagottheiten mit ihren eigenartigen Kronen. Leider ist das gleiche Relief auf der linken Gegenseite sehr zerstört.
Foto: Inge und Fritz (Germany 2016).

So ist es nur folgerichtig, dass sie diese wichtige Rolle auch im *Sukuh*heiligtum übernehmen, bewahren sie doch den Lauf und allzeitigen Fluss des Wassers, das schließlich zu *amrta* wird. Im Relief wird unterstrichen, dass *Garuda* eine sehr bedeutende Rolle bei der Wandlung des Wassers zu *amrta* innehat. *Garuda* behütet hier nicht nur die *Nagas*, die Wassergeister, er umfasst sie liebevoll, fast hätschelt er sie, sind sie es doch, die für das Wasser Sorge tragen (Abb. 8).
Nach der *Garudeya-Mythe* waren dagegen Schlangen Feinde des Vogelgottes und wurden ihm durch die Götter auch als seine Speise zugebilligt.
Das macht den großen Unterschied zwischen dem Schlangengetier und den göttlichen *Nagas* deutlich. Ihr Aufenthalt im Tempelbezirk des *Sukuh* bedeutet den immerwährenden Lauf des Elementes vom Berghang des *Lawu*.
Am Eingangsportal stellen sie sich gegen die Bedrohung der beiden menschenverschlingenden Monster. Deshalb wurden sie auf schnellem Weg durch *Garuda*, dem Götterboten und Reittier *Vishnus*, hier hingebracht. Natürlich sind auch andere Interpretationen denkbar, in jedem Fall stellten die

Nagas am Eingang Trost und Hoffnung für den erschreckten Pilger dar.

Der kleine Aufbau auf das Eingangsportal, hier als 'Pyramide' bezeichnet, wurde wegen des engen Eingangsflurs an seiner Ostseite kurzerhand abgeschnitten. Die Mauern verlaufen nun nicht von unten aus schräg nach oben, sondern sind gerade und senkrecht. Dadurch wird mit diesen Wänden des Eingangsflures ein Wechsel vom Schrägen zum Senkrechten erreicht, architektonisch eine harmonische Lösung (s. Abb. 9).

Auf der den senkrechten Wänden, die seitlich gut sichtbar abgeschrägt sind, wurden auf beiden Seiten Reliefs herausgearbeitet, die den wuchtigen Männern auf den gegenüberliegenden Vorderwänden in ihrem Tun gleich sind. Sie sind erheblich kleiner als die riesigen Ungeheuer, sehen fast gnomenhaft aus und zeigen ein verschmitztes Lächeln in ihrem Gesicht. Es handelt sich möglicherweise um Walddämonen, ähnlich denen, die den Ausfluss des *amrta* beim Turm der südlichen Plattform regeln. Diese Wesen halten in ihrer Linken das Ende der Nagaschwänze, die offensichtlich von ihnen verspeist werden sollen.

Abb. 9. Ein bewaffneter Gnom, der das Ende des Naga über sich, in seiner linken Hand hält und gerade in seinen reißzahnbesetzten Mund schieben will. Ein Hakenbeil (?) in seiner Rechten zeigt seine ganze Gefährlichkeit an. (Rechte zum Tempel gewandte Seite des vorigen Reliefs).
Foto: Inge und Fritz (Germany 2015).

Sie haben mit den Nagas nichts Gutes im Sinn. Wenn sie deren Feinde sind, heißt das vielleicht, sie können sich eher an einer Dürre erfreuen als an Regen oder fließendem Wasser. Der Gegenstand in der Rechten des Gnoms ist nicht eindeutig zu bestimmen; möglicherweise handelt es sich um eine Axt oder ein heute unbekanntes Werkzeug (Abb. 9). Vielleicht wurde damit das Schwanzende gekappt und wie im Siegesrausch halten die beiden ihre Waffe hoch. Tritt der Pilger nun aus dem schmalen Eingang unter einem weiteren Kala Antlitz, das zu seinem Schutz wacht, nach draußen, so blickt er auf den nach Osten zum Haupttempel gerichteten Pfad, dem der Besucher weiter zu folgen hat.

Hat der Pilger dann die zweite Terrasse erreicht und blickt zurück, kann er das große Eingangstor von der Rückseite betrachten. Die Eingänge des Haupttortes sind heute mit Gittern verschlossen, weil sich Besucher immer wieder an dem Symbol *Lingam/Yoni* zu schaffen machten und die Gefahr einer totalen Zerstörung bestand.

Durch die Aufgänge und das nächste Tor, die ähnlich eng gehalten sind wie beim großen Eingangstor, erreicht der Besucher die nächsten, die dritte Terrassen, auf denen die Hauptpyramide mit ihren Plattformen und Opferplätzen steht, sowie weitere den Zeremonien dienende Artefakte.

Beim Erreichen der dritten Stufe fällt die große Skulptur eines *Garuda* ins Auge, die zudem mehrere Inschriften trägt. Leider fehlt der Kopf des großen Vogels, der mit weit geöffneten Schwingen und fünf rückseitigen, nach oben gezogenen Schwanzfedern aufgestellt wurde. Es ist fraglich, ob hier der ursprüngliche Standort des *Garuda* war. Auf der Rückseite trägt die Figur auf dem Lendenschurz eine kleinere Inschrift. Warum gerade *Garuda* von der *Sukuh*-Gemeinschaft auserwählt wurde und zu damit zu einer besonderen Verehrung gelangte, ist ungeklärt. Eigentlich war es Gott *Vishnu* vorbehalten das göttliche Elixier *amrta* zu erschaffen.

Vermutlich waren mehrere *Garuda* Statuen ursprünglich entlang des Pilgerweges zum Hauptheiligtum aufgestellt, damit Pilger und Gläubige hier verweilten, ihnen Opfer brachten oder beteten. Eine Statue fällt besonders auf, zeigt sie doch auf dem Rücken des Vogels Früchte, die an ein Schultertrageholz gehängt sind, so wie die Menschen hier seit alter Zeit Lasten auf ihren Schultern verteilten, um sie leichter tragen zu können. Da sind links Kokosnüsse und Bananen zu sehen, rechts davon sind aus Bast oder Schilf geflochtene Körbchen zu erkennen, wie die Menschen sie hier selbst knüpfen oder flechten und als Marktkörbe gebrauchen. Etliche werden auch mit Reis gefüllt sein (ohne Foto). *Garuda* bringt all diese Früchte für die Menschen zu deren Wohlergehen zur Erde, für ein glückliches und friedvolles Dasein, das nur durch die Gottheit gegeben und gestaltet werden kann. Deshalb wird ihm hier Ehrung und Anbetung als Dank zurückgegeben. Garuda ist der Transporteur der himmlischen Gaben. Durch seine göttliche Kraft schafft er auch noch die Wandlung des Wassers zu *amrta*, um all die

Früchte für die Menschen gedeihen zu lassen.

Ein Zyklus von Geschichten um *Garuda*, auch als *Garudeya Mythen* bekannt, in dem das Wasser und auch *Nagas* eine bedeutende Rolle spielen, zeigt auf die im Heiligtum *Sukuh* erreichte Bedeutung, nämlich ohne ihn war die Wandlung des Wassers zu *amrta* hier nicht möglich, wie es besonders in den Reliefs des Turmes der nördlichen Plattform hervorgehoben ist. Aus den *Garudya* Mythen gehen weitere Teile der Geschichte des Vogels hervor. Er wurde von *Winata* geboren, seine Halbschwestern sind die *Nagas*, die von *Kadru*, der zweiten Ehefrau seines Vaters geboren wurde, womit die Nähe zu Wasser und den Wasserschlangen, den *Nagas* deutlich wird. *Kadru* allerdings demütigte seine Mutter *Winata*, weil sie diese zur Sklavin der Schlangen machte. Um seine Mutter von diesem Fluch zu befreien, stiehlt Garuda das *amrta* der Unsterblichkeit von den Göttern und bringt es zu den Schlangen, die dafür seine Mutter nun frei geben. *Garuda* darf nach Erlaubnis der Götter Schlangen zu seiner Speise fangen und er wird das Fahrzeug des Gottes *Vishnu*, wie es hier am *Sukuh* die nächste Stele deutlich macht.

Abb. 10 *Garuda* umfasst mit seiner rechten Kralle den Elefanten während die andere die Schildkröte umschließt. Charakteristisch sind über seinem Kopf die hochgestellten fünf Schwanzfedern. Bemerkenswert sind die Hinweise auf bestimmte Attribute des Vogels im Vergleich zu früheren Darstellungen. So ist der Schnabel bedeutend länger hier dargestellt und seine Krallen an den Füssen extrem ausgebildet. Wenn auch wie ansonsten Kopf und Körper als menschliche Gestalt abgebildet werden, so fällt bei dieser Figur doch der fast fratzenhafte Ausdruck des Gesichts auf.
Foto: Inge und Fritz (Germany 2015).

Eine dritte Stele zeigt auf der Rückseite *Vishnu* - hier nicht dargestellt - der auf *Garuda* sitzend durch den Himmel getragen wird. Damit wird *Garuda* nicht nur als tragendes Reittier für einen der höchsten Götter verehrt, *Garuda* ist es, der den Gott leitet und führt, er ist es, der die Aufgaben *Vishnus* übernimmt, weshalb ihm diese große Verehrung zu Teil wurde. Unverkennbar ist *Vishnus* Haltung auf Angriff ausgelegt, zumal er eine mächtige Waffe in der einen Hand hält, mit der anderen krallt er sich bei dem großen Vogel fest.

Beide drücken mit ihrer Mimik und Gestik den absoluten Willen aus, ihr Vorhaben, hier die Wandlung des Wassers zu *amrta*, auszuführen. Möglicherweise bringt diese Szene mit *Vishnu* Erzählungen in Erinnerung, als dieser den Milchozean quirlte um *amrta*, das Lebenselixier der Götter, herzustellen. Ein zusätzlicher Hinweis auf die unendliche und unerschöpfliche göttliche Kraft.

Die Vorderseite dieser Stele, die an dem Fußpfad an der Ecke der nördlichen Plattform steht, zeigt eine vierte *Garuda* Statue. Der Himmelsadler hält in seinen Klauen einen Elefanten und eine Schildkröte (Abb. 10). Anscheinend ist er dabei die beiden göttlichen Tiere an einen anderen Platz zu bringen, ob er dieses aus eigenem Antrieb bewerkstelligt oder auf Geheiß *Vishnus* ist nicht auszumachen. Ein Elefant ist in der Hindumythologie *Indras* Reittier, zwar wurde er meist dreiköpfig dargestellt. *Indra* wird aber auch auf einem normalen Elefanten reitend angetroffen. Die Schildkröte, die in der hinduistischen Mythologie eine herausragende Rolle als Basis und Halt der Erde einnimmt, auch als *Avatar Vishnus* gilt, unterstreicht die Bedeutung des Heiligtums *Sukuh*. Vor der großen Pyramide sind gar drei große Schildkröten mit abgeflachtem Panzer als Raum oder Platz für Feierlichkeiten aufgestellt, alle mit ihrem Blick nach Westen gerichtet. Bemerkenswert ist, dass *Garuda* eine der abgeflachten Schildkröten, die ihm quasi gegenüberliegen, trägt. Ist hier der direkte Konsens zum *Sukuh* bewusst gesucht, um die Bedeutung dieses Ortes allen vor Augen zu führen, alle diese Tiere sind also als Symbole hier zu finden. Der Elefant mit doppelten Stoßzähnen als Relief und mehrere Schildkröten vor der Pyramide, die der Opferung und Reinigung dienten.

Die nördliche Plattform der dritten Terrasse

Die außergewöhnlich große Plattform berührt die große Pyramide und das zentrale Heiligtum dahinter. Vielleicht war diese Anlehnung wegen des komplizierten hydraulischen Systems notwendig, dies ließe sich aber nur bei genauer Kenntnis der Wasserläufe klären.

Die rechteckige Plattform ist mehrreihig mit gut behauenen Steinen gesetzt und erreicht fast eine Höhe von eines Meters. Die längere Seite steht im Winkel von 90° zur Pyramide und misst 11,6 m, die Querseite 7,8 m. Bei ge-

Abb. 11. Der Turm auf der nordöstlichen Plattform. Zu sehen sind hier die Reliefs der West- und Teile der Südseite des Turmes. Zudem macht die Aufnahme deutlich, dass der Turm etwas konisch nach oben ausgebaut wurde, vermutlich um mehr Stabilität des etwa drei Meter hohen Aufbaues zu erreichen. Das südseits angehängte Dach schützt die etwa einen Meter darunter gemauerte Wasserrinne (hier nicht erkennbar), die das ankommende Wasser in untere Gefäße leiten konnte.
Foto: Inge und Fritz. (Germany 2015).

nauer Betrachtung fällt auf, dass die Reihen etwas versetzt verlaufen, die vorletzte Reihe ist stärker ausgekragt.

An der nördlichen, linken Seite vor der Hauptpyramide, sind Reste einer Treppe zu sehen, deren Funktion jedoch nicht erkennbar ist, möglicherweise hängt sie ebenfalls mit dem Weg des Wassers zusammen. Auf der Plattform ist zur Pyramide hin eine Art Podest aufgesetzt, auf dem der Turm oder ein gemauerter Pylon mit den Reliefs aus dem *Garudaya* steht (Abb. 12). Die rechtsseitige südliche Wand enthält im oberen Teil fünf Reihen eines Reliefs und endet an einem angehängten einseitigen Dach. An Nord- und Ostseite sind keine Reliefs. Etwa einen Meter unter dem angehängten, auf dem Bild gerade noch erkennbaren Dach, befindet sich eine Wasserrinne für den Lauf und die Verteilung des von der Pyramide zuströmenden Wassers. Die Wasserrinne ist hier nicht zusehen.

Das Wasser gelangte vermutlich nur über einen dazu bestimmten Zulauf, vielleicht auch ein Rohr, in diesen Kanal. Ein Wasserspeier oder -spender in Gestalt eines Schlangenkopfes war am Ende der Rinne eingesetzt, direkt rechts neben dem Relief der Wiedergeburt *Bhimas* (Abb. 14).

Das Wasser erreicht dann den freien Platz der Plattform. Möglicherweise waren hier große Wasserbehälter aufgestellt, die heute nicht mehr vorhan-

Abb. 12. Der dreireihige Zyklus der Westseite des Turmes der nördlichen Plattform.
Foto: Inge und Fritz (Germany 2015).

den sind. In ihnen wurden die Waschungen, Bade- und Reinigungszeremonien vorgenommen. Wie gesagt, es lässt sich der genaue Lauf des Wassers heute nicht mehr nachzeichnen. Die vorhandenen baulichen Strukturen lassen den Schluss zu, dass es sich nicht um einen großen Wasserlauf, sondern eher um eine Menge handelte, die einem Rohrdurchmesser von 3 bis 5 Zentimetern entspricht. Ob der Wasserlauf nochmals geteilt wurde, kann mit großer Wahrscheinlichkeit angenommen werden.

Das würde auch den Hinweis von *Sir Raffles* aus dem Jahr 1816 auf größere Wassergefäße bestätigen, die er noch vorfand und die eventuellen Waschungen gedient haben könnten. In Verbindung mit dem Auslauf des besagten Wasserspenders dürfte das Wasser in diese Gefäße eingelaufen sein.

Die Westseite des Turmes stellt in einem dreireihiger Zyklus Mythen des *Garuda* dar, wie sie im *Adiparwa*, den Vorgeschichten zum *Mahabarata*, erzählt werden. Die Erzählung beginnt in der unteren dritten Reihe, auf der Persönlichkeiten und Gottheiten erscheinen (Abb. 12). Hier findet offensichtlich ein hitziges Gespräch unter Göttern statt. *WF Stutterheim* vermutet einen handfesten Streit, weil *Garuda* das *amrta* ohne weiteren göttlichen Beistand selbst schaffen will. In der Geschichte informiert ein Lehrer die Götter *Vishnu* und *Bathara Guru*, dass *Garuda* sie übertölpeln möchte. *Vishnu*, der eins *amrta* für die Götter im Milchozean quirlte, um ihnen Unsterblichkeit zu verleihen, steht für diese Gemeinschaft am *Vulkan Lawu* nicht im Mittelpunkt, denn es geht hier nicht um göttliche Unsterblichkeit. Deshalb hat die Gemeinde des *Sukuh Garuda* auserwählt, das hier benötigte verwandelte Wasser der Fruchtbarkeit und Reinlichkeit für sie zu erbitten und zu schaffen, weshalb er allein im Relief festgehalten wurde.

In der ersten Reihe links oben (siehe Abb. 12) stolziert *Garuda*, er ist nun der für die Wandlung des Wassers zu *amrta* Berufene. Damit steht er auch als Hüter und Bewahrer deswegen ganz am Anfang. Das zweite Bild ist nach dem niederländischen Gelehrten *WF Stutterheim* ein Eingangstor, wobei man sich diese Pforte als nur eine Hälfte der Tür vorstellen muss, durch die man eintreten könnte, wäre da nicht ein Eisenrad, das den Weg versperrt. Dieser Eingang gibt dann den Weg frei zu einem dahinterliegenden geschlossenen Haus ohne Fenster, das beidseitig Erdaufschüttungen zeigt. Der Steinmetz deutet so eine Höhle oder das Innere eines Berges an, wie die Mythen es berichten, darin das *amrta* gesammelt wird, das durch den davor gebauten Eingang gesichert wird, der mit spitzen Eisen und mit einem *Cakra*, einem Eisenrad, bewehrt ist. Möglicherweise bedeutet das *Cakra* (Rad) auch, dass es allein *Garuda* in der Hand hat, Wasser fließen zu lassen oder aufzuhalten. Er kann es durch Drehen des Rades veranlassen. Der Ort, an dem das *amrta* vorhanden ist, wird in der zweiten Reihe vorgestellt, es ist ein bewaldeter Ort, der durch fünf Laubbäume dargestellt wird und sicherlich der Wald des Vulkans und Berg *Lawu* gemeint ist. Es ist der weitere Bildtext

Abb. 13. Die Südseite des Turmes der nördlichen Plattform mit dem fünfzeiligen Relief, das sich inhaltsmäßig mit *Sukuh* und den beiden Götter *Vishnu* und *Garuda* mit der Wandlung des Wassers zu *amrta* beschäftigt, wenn auch die Deutungen einzelner Bilder augenblicklich nicht gelingen mag.
Foto: Fritz und Inge (Germany 2015).

selbst, der das Relief auslegt und wiedergibt, denn es berichtet durch die weiteren Bilder, *Garuda* hätte einen so schmalen Zugang zur Höhle und dem *Cakra* zum Öffnen gemacht, dass nur er sich durch diesen schmalen Eingang durchzwängen konnte und den einzigen Weg zu dem *amrta* kannte.
Wie bereits erwähnt ist auch die Südseite des Turmes im oberen Teil mit Reliefs reich ausgeschmückt (Abb. 13). Ob darüber auch einmal Wasser floss, ist nicht anzunehmen, sonst wären Ablagerungen oder Auswaschungen zu erkennen. Vielmehr ist direkt unter den Reliefs ein Pultdach abgehängt, wie bereits angedeutet, um den darunter fließenden Kanal, der das *amrta* von der Pyramide weiterleitete, zu schützen. Der Schutz dürfte wohl dem herunterprasselnden Regenwasser gegolten haben, war dieses doch nicht zu *amrta* verwandelt, weil es direkt aus der Natur kam, denn es durfte das gereinigte Wasser des Kanals nicht verunreinigen.
Die nächste Erzählung der Abbildung 13 ist von unten nach oben zu lesen. In der fünften Reihe direkt über dem Dach plustert sich des erbosten *Garuda* auf (untere Reihe Abb. 13), um seinem Gegenüber *Vishnu* entgegen zu treten. Vermutlich galt das Wortgefecht der beiden Gottheiten dem *amrta* und der Frage nach der Verwandlung des Wassers und wem hier im *Sukuh* solches zukommt. Der Ort der Geschichte ist in der vierten Reihe mit Wald und Tieren dargestellt. Es kann entweder der Wald des als *Mahameru* angesehene *Vulkan Lawu* sein, oder auch ganz einfach der Ort und das Heiligtum *Sukuh*, an dem die Seelen der Ahnen Verehrung und ewiges Leben erhoffen und sich das *amrta* für die Lebenden findet. Das Relief zeigt hier die Tiere des Waldes und kommt damit der Wirklichkeit näher, als wenn nur Bäume zu sehen wären.
Die weitere Auslegung der Geschichte wird schwieriger. In der dritten Reihe hält *Vishnu* das *Cakra* in der Hand.
Möglicherweise verdeutlicht er damit, dass er Herr über das *amrta* ist und nur Zugang zu diesem hat, ähnlich wie auf der ersten Zeile des Reliefs der Westseite. Andererseits ist das Rad (Kreis, Diskus) eines der Attribute des Gottes *Vishnu*, und er wird damit oft dargestellt. Hinter ihm steht ein frustrierter und abwartender *Garuda*. Das in dieser Zeile links stehende offene Haus, mit einem Baum davor und einem an diesem kopfunter hängenden Mann, stellt einen Sünder dar, der Höllenpein erleiden muss, so wie das auch an anderer Stelle dargestellt wird (s. Abb. 17). Ein direkter Bezug zu *Bhima* und der Rettung seines Vaters (oder seiner Eltern) ist denkbar. Das offene Haus, das möglicherweise auf das im anderen Relief geschlossene Haus verweist und ebenfalls der Lagerung oder Verwandlung des *amrta* dient, aber nun eben als offenes Haus jedem den Zugang zu dem Lebenselexier ermöglichen soll. Diese Interpretation entspricht jedoch nicht der vorigen Auslegung. In der vierten Reihe von unten sind zwei Bogenschützen zu sehen, die sich über einen Busch hinweg bekriegen. Eine Andeutung des Streites der beiden Götter oder die Darstellung eines Streites der jungen Zwillingsbrüder der *Pandavas*? Allerdings spricht die Haartracht eher für *Bhima* und ihm gegen-

über *Bhatara Guru*, beide sind an ihrer Haartracht und ihren Accessoires gut zu erkennen. Das Auftreten von *Bhima* mit *Bathara Guru* bringt die Abläufe der *Bhima* Mythen dem Gläubigen ins Gedächtnis, der auf seiner langen Reise auch hier anlandet auf der Suche nach *amrta*.
In der obersten Zeile dann ein versöhnliches Bild, ganz so als hätte man sich darauf verständigt, dass man gemeinschaftlich das *amrta* für den *Sukuh* Tempel und seine Gemeinschaft erschaffen wird und damit die Rettung der gefallenen Seelen der *Pandava* Eltern erreicht.

Exkurs: Die Wandlung des *Bhima*

Um die Rolle und Bedeutung Bhimas für die Glaubensgemeinschaft am Berg Lawu zu verstehen, muss an die Lebensgeschichte dieses edlen Ritters und seine Bedeutung für die Gläubigen erinnert werden.
Bhima war in der Schlacht von Kurukshetra des Mahabaratha-Epos zwischen den Pandavas und den Kuravas, deren Vettern, einer der großen Helden, und er sollte mit Hilfe seines ehemaligen Lehrers, der auf Seiten der Kuravas kämpfte, beseitigt werden. In einen finsteren Wald gelockt, betrat Bhima unerschrocken und furchtlos darin eine Höhle, in ihr sollte das 'Wasser des Lebens' zu finden sein. Bhima durchstreift den Urwald auf seiner Suche, erbost dabei zwei Riesen, die er töten kann, bricht auch noch einen Fluch auf Bathara Guru, der wieder zu Indra wird und aus Dankbarkeit eröffnet dieser ihm, dass er das 'Wasser des Lebens' hier nicht finden wird. Zurückgekehrt erklärt ihm sein ehemaliger Lehrer, er würde das 'Wasser des Lebens', das amrta, am Boden des Ozeans finden. Bhima ist nach dieser Auskunft sehr misstrauisch, doch sein Entschluss bleibt, er wird versuchen das amrta zu finden, koste es gar sein Leben. Trotz aller Warnungen seine Brüder beginnt hier seine Reise auf der Suche nach dem amrta.
Am Grund des Ozeans angekommen, springt er in die wilden Brecher und wird von der wilden Seeschlange Nemburnawa attackiert, die er aber mit Hilfe seines magischen Fingernagels Pancanaka zerstückelt. Am Ende seiner Kräfte schleudert er sich selbst aus dem Wasser.
Unverhofft findet er sich einer kleinen Figur gegenüber, die genauso aussieht wie er selbst. Er spricht mit dieser Figur, die Gott Deva, eine Inkarnation der Allwissenheit ist. Die kleine Figur hält Bhima an sein Ohr und bald verschmelzen die beiden Körper. Ab diesem Moment erkennt Bhima Sonne und Mond, das Land, die Berge und das Meer, mit Hilfe Devas erkennt Bhima das ihn Umgebende, sein eigenes Dasein, das mit dem Göttlichen eins geworden ist und erkennt, dass alles mit dem Göttlichen eins ist. Bhima realisiert den Weg der Erkenntnis, sieht die Einheit zwischen Meister und Diener.
In Erkennung seines Ziels sieht sich Bhima als Cakravatin, als Weltenherrscher, die Welt, die ihn braucht oder brauchen wird, er erkennt weiter, dass der Tod ein Teil des Lebens ist. Im Besitz dieser unbesiegbaren Kraft verlässt Bhima Deva und kehrt mit Frieden in seinem Herzen zu seinen Brüdern zurück, die ihn glücklich empfangen.

Vor der Westseite des Turmes steht ein über zwei Meter hohes Relief mit einer eigenartigen Umrandung, in der sich zwei Pfauen am Fuß nach außenblickend mit ihren Schwanzfedern zu einem Bogen vereinigen, den am höchsten Punkt ein *Kala*-Antlitz und Kopf schmückt, literarisch als *kalamarga kala* bekannt. Ein *Kala* ist sonst über einem Eingang oder einer Nische angebracht, vielleicht wollte der Bildhauer hier auch eine Nische andeuten. Ein rätselhaftes Werk, das viele Möglichkeiten von Interpretationen eröffnet. So hat man in der geschwungenen Umrandung gar eine unbekannte Hieroglyphe erkennen wollen, wobei Hieroglyphe lediglich als ein 'Heiliges Zeichen' oder Symbol zu sehen wäre. Da es sich um eine sakrale Skulptur handelt, kann eine solche Interpretation nur bedingt greifen.

Nach einer anderen Deutung erkennt man unter der Darstellung eine menschliche Gebärmutter. Im Inneren des schematisch dargestellten *Uterus*, der den reinsten Platz oder Ort dieser Welt verkörpert, ist *Bhima* zu sehen, *der* gereinigt und erlöst wiedergeboren wurde. Er ist im Gespräch mit *Bathara Guru*, der erhöht auf einem den Göttern vorbehaltenen Podest steht. Das Gespräch beinhaltet, so die Vermutung, die Beschaffung des *amrta* oder wie der Mensch in Reinheit wiedergeboren werden kann.

Darunter ist eine Mutter mit einem Kind neben einem Haus zu sehen, sie stillt das Kind, gibt ihm durch sich und durch das Haus Schutz und Geborgenheit. Beide stehen hier noch unter dem Schutz der Götter, die ihrerseits die Reinheit behüten, böse Dämonen können noch nicht durch die Geschlossenheit des Uterus zu ihnen gelangen. Dies steht für die Zeit des Menschen, in der er seine Vollkommenheit erlebt. Erst aus dem Uterus herausgetreten, beginnt der Kampf des noch kleinen Menschen mit Gut und Böse, wie es der Kampf in der unteren Darstellung zweier Streitenden verdeutlicht.

In anderen Interpretationen wird die Deutung des Reliefs in mehreren Teilen ausgelegt. In einer wird *Bhima* erkannt, wie er versucht, unter Mithilfe *Bathara Gurus* und in einer Verwandlung *Shivas*, an das *amrta* zu gelangen, um damit seinen Vater im Tempel *Sukuh* für die Ewigkeit von seinen Sünden zu befreien. Denn seine Eltern, Vater *Pandu* und seine Stiefmutter *Marti* leiden in der Hölle wegen der Tötung eines *Brahmin*. *Bhima* ist überzeugt, dass er das *amrta* nur hier finden kann und es von den Göttern an diesem besonderen Platz, *Sukuh tirtha*, erhalten wird. Dies bezeichnet für *Bhima* nichts anderes als den einen friedvollen und harmonischen Ort.

Es war *W.F. Stutterheim* (1956, S. 126), der sich ebenfalls in einer Interpretation mit diesem Relief auseinandersetzte. Er erkannte die Ankunft des Kriegshelden *Bhima* nach seiner langen Reise auf der Suche nach *amrta*, was der Held hier an diesem Ort zu finden und zu erhalten hoffte, ganz wie es in der Literatur auch dargestellt wird. Wieder beginnt die Erzählung nicht oben, sondern zeigt von unten gelesen *Bhima* in seiner Behausung oder einem Ort, der den Erzählungen nach, der Garten *Setra Gandamayu* sein kann, wo ihn Göttin *Durga*, die Dämonische nahe ihres Wohnortes gefangen hielt.

Abb. 14. Eine zentrale und damit sehr wichtige Darstellung eines symbolischen Uterus als Ort der vollkommenen Reinheit. Nur in ihm kann eine Wiedergeburt des durch *amrta* gereinigten Menschen erfolgen. Er zeigt in gerafften Zügen das gesamte Leben eines Menschen, der die Reinheit als Säugling bei der Geburt noch erfährt und schon nach wenigen Jahren mitten in den Auseinandersetzungen sich befindet, wie es die beiden Personen (unten) schon außerhalb des schützenden Uterus darstellen und die sich streiten. Rechts daneben (am rechten Kopf des Pfaues) ist der Auslauf der zuvor besprochenen Wasserrinne erkennbar. Vermutlich stand ein Badebottich direkt unter diesem Relief, um hier das reinigende Bad unmittelbar zu erleben.
Foto: Fritz und Inge (Germany 2015).

Wenn dieses Relief nur die Befreiung und Reinigung des *Bhima* darstellt, dann sind die beiden unteren Bildreihen als Beginn seines Vorhabens zu lesen. Zuerst tritt *Bhima* nach einer symbolischen Wiedergeburt aus dem Bannkreis *Durgas*, die ihn reinigt und zu einem asketischen Weg der Pflichterfüllung führt. Geläutert und gestärkt erhält er dann durch *Bathara Guru* das *amrta*, das er zur Rettung seiner Eltern benötigt. Da er das nicht ohne entsprechende Hilfe leisten kann, wird ihm im zweiten Abschnitt die Hilfe eines weisen Mannes, eines *rsi*, gegeben, einer Art geistiger und innerer Führungspersönlichkeit, einem *Guru* oder Brahmanen.

Die äußerst knappen und auf Grund der unterschiedlichen Deutungsmöglichkeiten widersprüchlichen beiden unteren Zeilen können nur im Kontext mit den nach oben folgenden Darstellungen gesehen werden, die in gewisser Weise die Welt der Menschen darstellen. Das Relief als Ganzes wird quer durch die geschuppten zweiköpfigen Schlangen in zwei Hälften geteilt, deren Körper einem "W" ähnelt und die eine Trennung, zwischen der Götter- und der Menschenwelt, verkörpert.

Diese doppelköpfige Schlange stellt den symbolischen Regenbogen dar, der Himmel und Erde trennt, so jedenfalls wird die Grenze zwischen Himmel und Erde gesehen, wie sie auch in balinesischen Mythen und Erzählungen dargestellt wird, dabei aber doch das Verbindende beachtend. Darüber stehen sich zwei diskutierende Männer gegenüber, links eine auf einem Podest stehende Gottheit, es ist *Bhatara Guru* mit einer Haartracht, wie sie Einsiedler tragen, in einem langen Rock [*Sarong*] und einer Kordel, mit einem Lendenschurz. Im Hintergrund sind wellenförmige Linien erkennbar, die ein Hinweis auf Wasser oder *amrta* sind, ganz so, als verfüge *Bhatara Guru* darüber, und sein Gegenüber versucht dieses zu bekommen. Rechts zeigt sich fordernd der geläuterte *Bhima*, mit einer *naga*ähnlichen Kordel um die Hüfte, Ohrringen wie sie die Götter tragen, einem besonderen Lendenschurz und dem langen göttlichen Daumennagel an der rechten Hand. Er hat sich in den Bereich der Götter begeben, um das *tirtha amrta* für die Eltern zu erflehen, um damit ihren Seelen durch die Reinigung Frieden zu geben. Die obere Welt, in der die beiden stehen, so möchte das Relief dem Betrachter vermitteln, gehört uneingeschränkt den Göttern, die sie bewohnen und darauf achten, dass nichts von der unteren Welt nach oben dringt. Insbesondere schützen sie die Wahrung ihrer Unsterblichkeit und nicht zuletzt damit das *amrta*.

In dem javanischen Epos *kakawin* treten Pfauen im gesellschaftlichen Bereich als Motiv und Symbole einer Aufforderung auf, sich offen zu geben und das Miteinander zu suchen. Die Vögel stehen hier für die Rückkehr der *Pandava* Brüder, die durch Krieg und Wanderung von ihrer sozialen Gesellschaft und Familie getrennt wurden und nun endlich wieder zueinander finden und vereint werden.

Die nördliche Rückwand dieser Plattform ist mit einem großen Relief gestaltet, das aus dem *Sudamala* Text genommen ist. Fraglich, ob es mit den anderen Darstellungen des *Sudamala* während der Zeiten von Zeremonien an dieser Stelle aufgestellt war. Auf diesem Relief des vermutlichen Badeplatzes (*thirta*) auf dem Podest werden gleich mehrere Lebensbereiche vorgestellt. Hinter den Mauern einer Feste, fast einer Burg, sieht man eine geord-

Abb. 15a. Die beiden Pfauen sind auf diesem Ausschnitt (von Abb.19) für den Leser besser zu erkennen.

nete Wohnstätte, Gärten mit Fruchtbäumen und Häuser, auch einen Schrein, der ein dreifaches *Meru*-Dach trägt mit einem hölzernen Boden (vgl. hierzu Abb. 15 a).

Da um das Wohngebiet eine sehr hohe Mauer gebaut ist, wird der Steinmetz diese nicht ohne Grund aus dem Stein geschlagen haben, er will dadurch eine scharfe Trennung zwischen zwei unterschiedlichen Lebensräumen hervorheben. Hinter oder in den Mauern wohnt eine geordnete soziale Gemeinschaft, die sich durch die Mauer von dem chaotischen Draußen geschützt fühlt. Das auf sechs Säulen ruhende Haus ist für jedermann offen, es ist möglicherweise ein Gemeinschaftshaus, das von allen benutzt werden darf, auch als Schlafplatz, zumal es einen Boden aus Holzbalken oder eingepasste Stangen aus Bambus hat.

Links auf diesem Relief stehen zwei bekannte Gestalten aus der Hindumythologie und diskutieren miteinander, wobei sie sich nicht in dem befriedeten Teil aufhalten, sondern außerhalb der Mauern stehen. Es sind *Sadewa* und *Nakula*, das Zwillingspaar der *Pandava*brüder des *Mahabarata*, die von *Madri*, der zweiten Ehefrau des Vaters stammen, während ihre drei ersten Brüder von *Kunti, der ersten Ehefrau* geboren wurden. Das Relief zeigt *Sadewa*, wie er sich schon im Gehen herumdreht, um seinem Bruder *Nakula* zu antworten. Es geht bei diesem Gespräch um die Rückkehr in die geordnete Gemeinschaft der Menschen, zurück zu ihren Häusern hinter den Mauern.

Das Auftreten der *Pandavas* hier im *Sukuh* muss auch im Zusammenhang mit deren Bruder *Bhima* gesehen werden. Denn ihr Halbbruder wird auf dem zuvor beschrieben Uterus-Relief als ein Gefangen *Durgas* dargestellt, dem es aber gelingt durch Läuterung und Askese einen Weg zu finden, um das *amrta* für seine verstorbenen Eltern von den Göttern zu erflehen. Weiterhin sind ja gerade die Zwillinge Hauptakteure des *Sudamala Epos*, das hier in diesem Relief das Ende der Erzählungen erfährt.

In den Mittelpunkt tritt ein ganz anderes Bild. Wieder sind zwei Pfauen am oberen Reliefrand zu erkennen, von denen einer über *Sadewa* auf der Spitze eines Fruchtbaumes sitzt, in dem auch Affen herumtollen. Sein Kopf ist nach rückwärts gedreht, wo er den zweiten Vogel über die Siedlung fliegen sieht.

Das Bild der beiden Vögel (Abb. 15 und 15a) gleicht dem der beiden gegenüberstehenden Brüder und hat eine starke Symbolkraft. Wie bei der Auslegung des Uterus-Reliefs treten in dem javanischen Epos *kakawin* treten Pfauen im gesellschaftlichen Bereich als Motive und Symbole einer Aufforderung auf, sich offen zu geben und das Miteinander zu suchen.

Die Vögel stehen hier für die Rückkehr der beiden Brüder, die durch Krieg und Wanderung von der Gesellschaft getrennt waren. Das Bild enthält auch die Aufforderung an die beiden als Krieger der Kriegerkaste zurückkehren, um den ihnen zukommenden Rang als Mitglieder dieser 2. Kaste einzunehmen. Möglicherweise war das Bild auch als Aufforderung für Pilger und Gläubige gedacht, die dieser Kaste angehörten, sie möchten sich immer ihrer Verpflichtung bewusst sein, die ihnen der Kastenstand aufgab, nämlich sich für die Gemeinschaft verantwortlich zu fühlen. Auch ein Aufenthalt aus-

Abb. 15. Nach dem im '*Kidung Sudamala*' niedergeschriebenen Geschichten, kämpften die beiden *Pandava*-Zwillingen mit den Dämonen *Kalanjana* und *Kalantaka*, konnten sie hier aber nicht besiegen, das war ihrem älteren Bruder *Bhima* vorbehalten. Möglicherweise stellt das Relief die Niederwerfung eines der Dämonen dar, worüber sich die beiden Zwillinge unterhalten. Vergleiche dazu die Steintafel des Kampfes *Bhima* mit einem der beiden Dämonen. Foto: Inge und Fritz (Germany 2015).

serhalb bedeutete nicht einen dortigen Verbleib, man kann immer zurückkehren. Das Wasser floss vermutlich in Kanälen und Leitungen zu weiteren Plätzen der Plattform. Ein solcher Kanal verläuft sogar über dem hier beschriebenen Relief in westliche Richtung und trifft hier zwei stehende und eine hängende Person, nämlich *Bhima* und *Bathara Guru* und die gefallene Seele von *Bhimas* Vater (Personengruppe Relief Abb. 16).

Die beiden Akteure sind im Gespräch zu sehen, wie sie die Übergabe des

Abb. 16. Links steht *Barthara Guru*, der an seiner Haartracht und der rund gebundenen Kordel gut zu erkennen ist. Rechts von ihm, weniger gut erhalten, *Bhima*. Vor ihm, dargestellt wie eine Tanne, das sprudelnde Wasser. Leider war das Relief schon einmal zerbrochen, wie durch die Reparatur in hellerer Farbe sichtbar. Über den beiden hängt eine dritte Person mit dem Kopf nach unten, es ist die Seele eines Sünders, vielleicht die gemarterte Seele des Vaters von Bhima.
Foto: Inge und Fritz (Germany 2015).

amrta an *Bhima* bereden. Zwischen ihnen sprudelt in einem wahren Schwall Wasser aus einem Stein, über ihnen hängt ein gefesselter, gequälter Mensch, es dürfte *Bhimas* Vater sein, der auf seine Erlösung hofft. Höllenqualen stellte man sich als ein kopfunter Hängen vor. Die wiederholte Darstellung dieser Szene der beiden am Ende des Wasserlaufes und der sichtbare Beweis des hervorsprudelnden Wassers verdeutlicht, dass *Bimas* Flehen erhört worden war und man ihm das *amrta* zur Errettung und Erlösung seiner Eltern gerne überlassen hatte. Damit sollten die erlösten Seelen für immer ihren Frieden im Tempel *Sukuh* als Wohnstätte haben.

Zusammenfassend besteht Konsens darüber, dass das Relief Nr. 16 auf die Erlösung von den Höllenqualen hoffenden *Pandava*-Eltern des *Mahabarata*-Epos anspielt und *Sukuh* damit ebenfalls als Ahnentempel gesehen wird, der hier der Errettung und Läuterung gefallener Seelen dient. Hier beschreibt die Glaubensgemeinschaft dieses Tempels, ähnlich wie bei anderen javanischen Gemeinschaften dieser Zeit, die Vorgaben ihres *Adat*. Das sah eine Ahnenverehrung über den Tod hinaus in religiösen Feiern und Zeremonien vor, um damit einen eigenen Weg zur Rettung und Sicherung ihres gegenwärtigen Wohlergehens und zukünftigen Seelenfriedens zu erreichen.

Die große Pyramide

Abb. 17. Foto by Wikipedia: {{Information IDescription={{enI1=Candi Sukuh in eastern Central Java.}} Source=Own work by uploader IAuthor=Merbabu I Date=2007-12-30 IPermission= Iother_versions=} <!--{{ImageUploadIfull}}--> Category:Candi Sukuh

Zentraler Ort des Heiligtums ist eine große Pyramide, eigentlich ein quadratischer Pyramidenstumpf, mit einer Seitenlänge an der Basis von etwa 20 Metern.

Auf einem quadratischen Fundament wurden 27-28 unterschiedlich hohe Treppenschichten, die von Schicht zu Schicht kleiner werden, aus grob zugehauenen, rauen, rechteckigen Quadern gesetzt, (ob aus *Andesit* ist nicht bekannt). Auf einen Unterbau aus einem Schotter- und Bruchsteinkern, der vermutlich nur geschüttet und nicht verdichtet war, wurden die einzelnen Lagen mit ungefähr gleich hohen Quadern gesetzt, aber mit durchaus unterschiedlichen Seitenlängen, damit blieben die Erbauer in der Waagrechten und auf gleicher Höhe. Ob diese Stufen, ähnlich dem Eingangstor, verkleidet waren, wie das links dort zu sehen ist, kann nicht ausgeschlossen werden.

Auf diesem treppenartigen Schichtaufbau ist eine Altarplattform aus exakt gehauenen größeren rechteckigen Steinen in sieben Schichten aufgebaut, die über den westseitigen Treppenaufgang über eine enge Treppe erreicht wird. Der Pilger oder Priester steigt vierzehn Stufen vom Grund des Pyramidenstumpfes hoch und steht dann unter einem Sturz der einen kleinen Flur mit zehn weiteren Treppenstufen freigibt, bis die Außenplatte erreicht wird.

Zwei Schlangen oder *Nagas*, die sicher mit ihrem geöffneten Maul als Wasserspeier gedient haben, sind dekorativ eingebaut. Um im Treppenaufgang auf Höhe zu kommen, steigt der Besucher letzte Stufen des engen Aufganges hoch und erreicht dann die Platte. Hier stand einst der mächtige *Lingam* vermutlich ganz oder teilweise wasserumspült. Nicht zu klären sind offene Fragen nach den wassertechnischen Abläufen, ob und besonders wie das Wasser zu den wasserspendenden Schlangen gelangte. Einige Autoren vertreten die Ansicht, dass der Haupttempel irgendwie zum Sammeln von Regenwassern in gewaltigen Gefäßen oder Bottichen oder der Weiterleitung der Wasserläufe vom Berghang diente, die demnach erst hier gesammelt und verteilt wurden.

Dieser Pyramidenstumpf verkörpert nach dem hinduistischen Weltbild den heiligen Berg *Mahameru*, wobei *maha* = groß, im Sinne von göttlich oder Aufenthalt der Götter und Geistwesen ist und Verbinder zwischen Himmel und Erde. *Meru* bedeutet Berg, hier aber einen besonderen Berg als Götterwohnsitz. Die Pyramide

Abb. 18. Lingam, der auf der Plattform der Pyramide des Sukuh stand, jetzt im Nationalmuseum Jakarta.
Unbekanntes Foto.

(ein Pyramidenstumpf) ist also eine kosmische Darstellung, ein Symbol des Götterwohnberges der Hindureligion. Steigt der Pilger die Treppe hinauf, so verlässt er die durch zwei Schildkröten dargestellte untere Welt und erreicht auf der Plattform den 'Himmel'.

Auf der obersten Terrasse stand der *Phallusobelisk* (Abb. 18), der heute im Nationalmuseum in Jakarta mehr oder weniger versteckt ein stiefmütterliches Dasein führt, weil aus religiösen Gründen eine Darstellung von menschlichen Geschlechtsteilen nicht erlaubt ist. Dieser Obelisk, ein *Lingam*, der mit 1,82 m eine beachtliche Höhe hat, war bei der Auffindung zerborsten und wurde sichtbar wieder zusammengesetzt.

Neben Inschriften ist auf dem *Lingam* ein Schwert oder ein *Kris* als Symbol der Männlichkeit abgebildet, Männlichkeit spielt überhaupt eine absolut dominierende Rolle. Die Schrift, die möglicherweise eine Vene darstellen soll, berichtet von der Einweihung im Jahr 1440 n.u.Z. Vier an- oder eingesetzte Kugeln unter der Glans lassen rätseln. Einen Hinweis geben die vier Grundpunkte des *Mahameru*, sie wären als die vier Himmelsrichtungen zu deuten, die allerdings in der frühen Hindumythologie mehr als vier zählten. Eine weitere Deutung spricht von der Omnipotenz des Gottes *Shiva*, der von einer umfassenden Fruchtbarkeit ausgeht, da alle *Lingams* Symbol der Kraft des *Shiva* darstellen, die Kugeln damit eine Steigerung symbolisieren sollen, wie dieses auch am *Candi Ceto* zu sehen ist.

Der Text, der von der Basis her gelesen wird, lautet etwa: *"Einweihung des Heiligen Ganges* (Lauf, Fluss) *im Zeichen der* [seiner] *Männlichkeit, die das Wesen und Sein der Welt bedeutet"*. Daneben ist dann das Schwert abgebildet dessen Spitze auf eine achteckige Sonne zeigt, die im Inkreis einen Halbmond trägt (Eine Art Wappen des Reiches *Majapahit*).

Es verwundert deshalb nicht, wenn Männlichkeit und Fruchtbarkeit als Eins gesehen und wie es in der Inschrift heißt 'zum Wesen und Sein der Welt' erhoben werden und weitere ithyphallischen Darstellungen im Überfluss vorhanden sind. Es gibt nur einen einzigen Hinweis auf ein weibliches Element, das in gleichem Maße zur Fruchtbarkeit beiträgt. Es handelt sich um die *Yoni* Darstellung im Eingangsflur des ersten *Gopuram* (Eingangstores). Zudem ist die Bedeutung des *Lingams* allein im Zusammenhang mit der Schaffung des *amrta* zu sehen, die sich auf der Plattform der Pyramide vollzog. Möglicherweise wurde alles ankommende Wasser, vom Berg *Lawu* über das *Lingam* geleitet, wobei die dafür nötige Technik nicht klar ist.

Insoweit ist *Sukuh* ein Ausdruck einer Männergesellschaft, die sich vom ursprünglichen *Hinduismus* entfernt hat und eine Verbindung mit lokalen Eigenheiten einging, um damit einen erweiterten religiösen Anspruch für sich zu schaffen. Bezeichnend dafür sind regionale Gruppen oder Kleinreiche des *Majapahit* Reiches, die durch ihre regionalen Besonderheiten einen Zerfall der bisherigen Gesellschaft einleiteten und die religiösen Grundlagen veränderten und so einer neu gelebten Religion zumindest unter weitere

Lageplan der 3. Terrasse

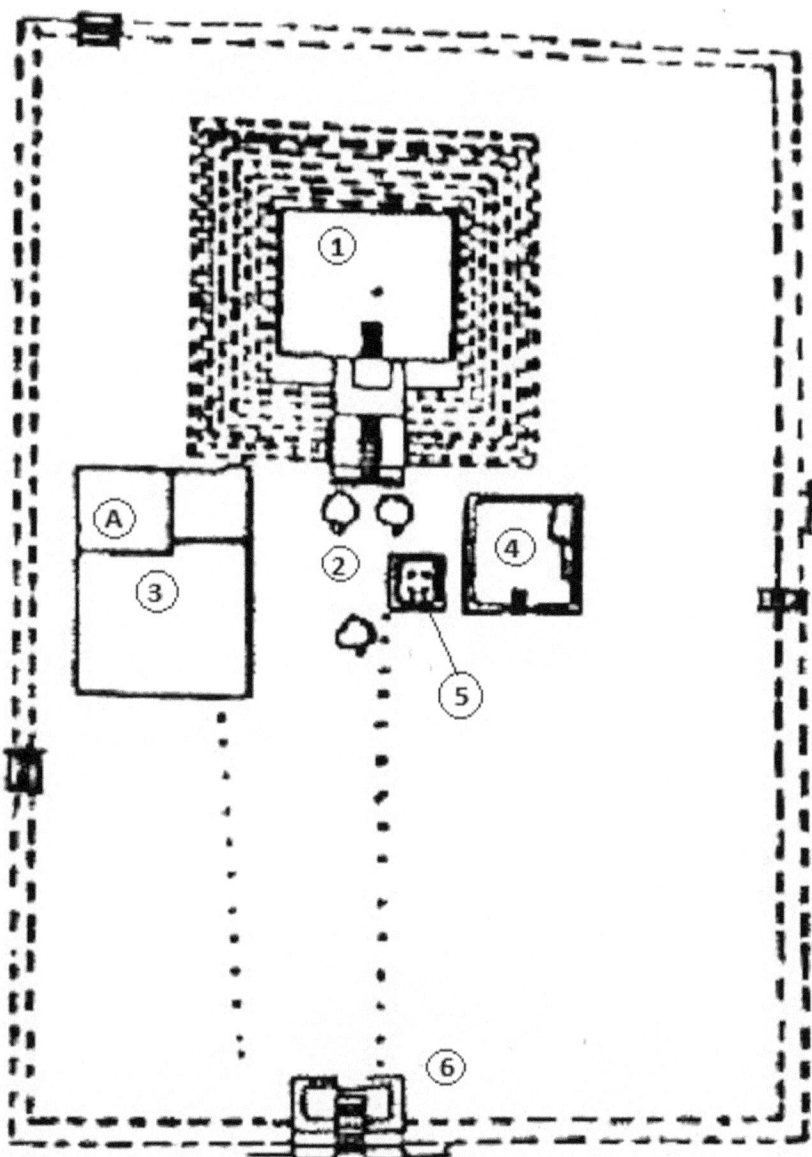

1 Grundriss der 'Großen Pyramide'. Auf der rechteckigen Plattform ist der Standort (Punkt) des *Lingams* eingezeichnet.
2 Die drei Schildkröten am Eingang zum Treppenaufgang.
3 Die 'Nördliche Plattform' mit dem Turmgrundriss **A**.
4 Die 'Südliche Plattform' mit dem am südlichen Rand sichtbaren Grundriss des kleinen Turmes mit dem unbekannten Gott im Medaillon.
5 Der kleine Opferturm mit den Darstellungen des Gründers und *Bathara Guru*.
6 Das 3. Eingangstor zur 3. Terrasse.
7 Standort des Schmiedereliefs.
Modifizierte Skizze nach Anonymus.

am Vulkan *Lawu* das Feld überließ. Mangels fehlender Quellen ist sehr wenig darüber bekannt, wie das von statten ging. Doch dürfte in dieser Zeit ein Ritual erwachsen sein, das der Herstellung von heiligem Wasser diente und aus einer uralten Verehrung mit dem Kult der Bergheiligtümer zusammenhängt. Unbekannt bleiben deren Ursprünge, die aber bis heute in den Zeremonien der Brahmanen in Bali eine Fortsetzung erfahren haben.

Ein anderer Hintergrund ist dabei das Quirlen des Urozeans oder Milchozeans zur Gewinnung des göttlichen *amrtas* als Trank der Unsterblichkeit der Götter wie solches aus vielen hinduistischen Darstellungen bekannt, wo *Vishnu* mit Göttern und Dämonen auf dem Berg *Meru* sitzend eine gewaltige Schlange quirlt und durch das Schäumen *amrta* schafft. Nach einer weiteren javanischen Erzählung brachten die Götter den Berg *Meru* nach *Java*, wobei sie den Berg *Semeru* mit einer Schlange umwickelten. Durch die unruhige Reise wurde das Wasser im Berg so stark geschüttelt, dass daraus das *amrta* wurde, das weiter

im Inneren verwahrt wurde, um dann als geheiligtes Wasser der Reinigung der sündigen Welt zu dienen.

Diese javanische Geschichte wechselte den Schauplatz vom Ozean zu den Bergen, die immer als heilig angesehen wurden und *amrta* als geheiligtes Wasser am *Sukuh* seine Begründung fand.

Opferplätze

Abb. 19. Schildkröte mit abgeflachtem Rücken zur Aufnahme der Opfergaben. Durchmesser etwa 1,50 m.
Foto: Inge und Fritz (Germany 2015).

Es ist unbekannt, ob die Gläubigen die Pyramide überhaupt betreten durften oder ob dieses allein dem Priester und besonderen Personen vorbehalten war. Der vor der Pyramide eingerichtete Platz, auf dem drei große Schildkröten mit abgeflachten Rückenpanzern aufgestellt wurden, spricht eher dafür, dass Pilger, Gläubige und Betende nur bis zu diesem Ort kamen und ihre Zeremonien hier verrichteten, Opfergaben hier ablegten. Ob dabei die Steinflächen der Schildkröten nur als Ablage dienten, um hier die Opfer niederzu-

legen oder ob Gläubige selbst hier sich niederlassen durften, ist unbekannt. Dass deren drei aufgestellt wurden, sagt doch einiges über den häufigen und zahlreichen Besuch des Tempels aus. Welche Kulthandlungen vorgenommen wurden, kann nicht mehr festgestellt werden.
Die Schildkröte (Abb. 19), die als Symbol des irdischen Kreises und der Unterwelt gilt, auch als Träger der Berge, dient hier den Geschenken und Opfern, die von den Gläubigen auf ihr abgelegt wurden.

Abb. 20. Der kleine Tempel mit einer Höhle, in der eine Opferstatue aufgestellt war, damit die Pilger hier ihre besonderen Gaben ablegen konnten. Möglich wäre aber, dass diese Gaben allein dem Erhalt des Tempels dienten und nicht den Göttern übergeben wurden.
Foto: Inge und Fritz (Germany 2015).

Abb. 21. Ein Adliger (*Bhima?*) kniet vor *Bathara Guru*, als *Shiva*, der den Auftrag zum Schmieden des Metalls erteilt. Vgl. dazu Abb. 18, die rechte Figur in der symbolischen Gebärmutter, die ebenfalls *Bathara Guru* darstellt und ebenso Abb. 19, auf der die Haartracht des *Bathara Guru* im Vordergrund steht.
Foto: Inge und Fritz (Germany 2015).

Unmittelbar neben den drei Schildkröten wurde vom herrschaftlichen Stifter oder Erbauer (*Kyai Sukuh*) des *Sukuh* ein kleiner Turm mit einer Nische errichtet, in die eine Götterstatue eingestellt wurde. Die gut sichtbare Nische diente ebenfalls der Aufnahme von Opfergaben, vielleicht Opfergaben nur zu Ehren des *Kyai Sukuh*.

Heute ist es immer noch bei Schreinen und Hausaltären der Hindugemeinden in Bali der Brauch, tägliche Opfergaben in einem kleinen Bastschälchen abzustellen, als Nahrung der Geister und Dämonen oder Liebesgabe und zum täglichen Angedenken für die Verstorbenen und Ahnen. Meist sind es Frauen, die diese Gaben zu den Hausschreinen bringen und ein kurzes Gebet sprechen. Dagegen sind die auf dem Boden abgestellten Opferschalen mit kleinen Gaben an Speisen für die Erdgeister gedacht, damit diese nicht in die Wohnbereiche eindringen und Unheil bringen.

Dieser kleine Turm für Opfergaben im *Sukuh* Tempel ist in Doppelreihe mit menschlichen Skulpturen und Figuren geschmückt, die sehr an die Darstellungen des *Kidung Sudamala* erinnern. Die Menschen, die darauf dargestellt sind, wurden nicht entsprechend der Proportionen des Körpers in den Stein geschlagen, vielmehr ist der Körper recht plump, eher zwergenhaft und unförmig gestaltet. Gesicht und Kopf sind fein ausgeprägt, ganz so als wollte man die Gesichter von Menschen einer eng verbundenen Glaubensgemeinde abbilden, Gläubige dieser *Sukuh* Anhängerschaft, die hierher kamen, um sich durch das *amrta* zu reinigen oder auch nur um ihre Opfergaben zu überbringen.

Zwei von ihnen der oberen Reihe sind erhöht auf einem Podest stehend dargestellt, was ihre herausragende Bedeutung unterstreicht. Sind es Würdenträger der Gemeinschaft oder gar Gottheiten? So zeigt die erste Reihe rechts, einen vornehm gekleideten Mann mit einer Haubenkrone, die oftmals als Zeichen königlicher Würde diente. Es ist nicht auszuschließen, dass hiermit auch ein König geehrt wurde.

Abb. 22. Untere Reihe rechts von der Nische des kleinen Opferturmes. Nicht alle Personen tragen einen Lendenschurz, der für die Hindu ein besonderes Merkmal war, und ohne Schurz durfte ein Tempel nicht betreten werden. Die beiden Personen auf der Ecke der längeren rechten Seite vor dem dargestellten Eingangstor sind ohne Schurz. Foto: Inge und Fritz (Germany 2015).

Andere Männerdarstellungen des kleinen Opferturmes zeigen die Waffen, ihre Träger tragen einen bissigen Gesichtsausdruck, der durch den offenen Mund furchterregend wirkt, es scheint, als würden sie wütend in einen Kampf ziehen Sind es vielleicht Krieger der Kriegerkaste, die hier eine so bedeutende Rolle spielen?

Auch scheinen sie den Anderen gegen über Befehle auszugeben, die diese dann ausführen müssen. Jedenfalls ist aus den Reliefs eine besondere Stellung dieser meist Bewaffneten ersichtlich, auch wenn ihre Aufgabe nicht deutlich wird.

Das stark wellig gekräuselte Haar einer Gottheit wird eins mit dem Hintergrund des Reliefs. Um den Hals trägt sie ein Medaillon, das wieder die achteckige Sonne darstellt, so wie dieses Symbol auf dem großen *Lingam* (Abb. 18) vor der Schwertspitze angebracht wurde. Mit diesem Zeichen wird deutlich, dass es sich um *Bathara Guru* handelt.

Ein Zusammenhang mit den übrigen Figuren ist aus dieser einen Szene nicht sofort zu erkennen, es sei denn, einzelne Erzählungen aus dem *Sudamala* wurden in diesem Relief damit verbunden.

Abb. 22.1. Kopf des Fürsten, siehe Abb. 28, zweite Person von links. Ausschnitt. Bleistiftzeichnung: Timo Christ, Michelbach, Hunsrück, 2017.

Kniend erhält *Bhima* von *Bathara Guru* den Auftrag, die Wandlung des Eisens durch Schmieden durchzuführen, wie es auf dem *Schmiederelief* dargestellt ist. Damit wird die Bedeutung des Eisens als mythisches Element betont. Da *Bathara Guru* eine Waffe, ein Schwert oder einen *Kris* trägt, wird schon hier auf das Schmiederelief hingewiesen (siehe Abb. 21), er steht nicht nur erhöht auf einem Sockel, dieser steht auf einem Baum, der so hochgewachsen ihn erhöht.

Die Tempel- und Glaubensgemeinschaft des *Sukuh* war ein Gemeinwesen, dessen politischer und sozialer Hintergrund nur sehr schwer zu erfassen ist, da außer den Resten des *Sukuh* und des anderen Tempels *Ceto,* unweit davon, nur sehr wenig mit einigen Inschriften erhalten blieb. Im Mittelpunkt steht die Fruchtbarkeit bei absoluter Betonung der Männlichkeit unter Her-

vorhebung der Kriegerkaste, die Läuterung der Toten und ihrer Seelen sowie die innere und äußere Reinheit der Gläubigen selbst.
Die wenigen Artefakte und Reliefs, wie hier bei dem kleinen Turm auf dem Opferplatz, sind in ihrer Aussage nicht leicht zuzuordnen, so wie dies bei den bewaffneten und 'beißstarken' Männern deutlich wird (siehe Abb. 22).
Soweit erkennbar, gestalteten sich die Begegnungen der Menschen durchaus friedlich, wenngleich die Gesichter kein Lächeln und sich sehr ernst und in sich gekehrt zeigen.
Ein Mensch mit besonders kunstvoll gekämmtem Haarschmuck, wie beispielsweise der zweite Mann (Abb. 22,1) von links im Vordergrund, der ebenso reichen Schmuck, Armreifen und Ketten trägt, dürfte ein Adliger, zumindest ein reicher Mann sein, ob *Bhima* oder einer seiner Brüder bleibt offen.
Nicht nur der Haarputz sticht von allen anderen ab, auch sein Schmuck und nicht zuletzt seine Kleidung mit *Sarong* und Schurz. In das Stirndiadem ist ein großer runder Edelstein gesetzt, mit einer größeren Umrandung. Die Ohrgehänge verdecken das Ohr völlig, alles ist an einem Bügel festgemacht, der an der Gesichtswange mit einem Herz endet. Soweit erkennbar ist in den Ohrschmuck ebenfalls ein runder Edelstein eingearbeitet, man könnte darin ein Abbild der Sonne sehen. Daran hängt ein zickzackförmiges Gebilde, einem Blitz gleichend als Abschluss nach unten.
Um den Hals trägt der Mann eine wuchtige doppelreihige Kette, die in der Mitte wieder das Sonnenmedaillon zeigt, nach unten spitz auslaufend, die Mitte ist wieder umrandet.

Abb. 23. Über der Abb. 22 ist dieses Relief auf dem Opferturm zu sehen. Rechts steht eine sehr bestimmend wirkende Person mit dem Finger einem energisch aussehender Krieger Befehle damit erteilt. Der vor ihm kniende Krieger hält einen toten Kameraden oder einen Gefangenen. Was er ihm befiehlt, ist aus seiner Gestik nicht zu erkennen. Im linken Vorderteil sind auch als 2. und 3. Person zwei Frauen abgebildet. Von den mittig angebrachten Gegenständen gleicht der untere einem Halbmond, vielleicht auch einen Wasserschlauch zum Trinken; darüber befindet sich ein unbekannter Halbkreis, vielleicht ein Teil der Sonne?
Foto: Inge und Fritz (Germany 2015).

Abb. 23.1. Kultpriester aus Abb. 23 rechts. Bleistiftzeichnung: Timo Christ, Michelbach, Hunsrück, 2017.

Das nächste Relief (Abb. 24) setzt sich links neben der Nische fort. Ein sehr kräftiger Mann, vielleicht ein Krieger, kniet vor einem Adligen, der an seinem Kopfputz zu erkennen ist. Da eine gewisse Ähnlichkeit, ja fast Übereinstimmung mit der Gruppe der oberen Reihe besteht, kann es sich nur um *Bhima* handeln, mit seinem Diener hinter ihm stehend. Ist der vor ihm Kniende einer der Riesen, den er jetzt tötet? In seiner linken Hand hält *Bhima* einen nicht bestimmbaren Gegenstand. Möglicherweise wird der Moment des Tötens dargestellt, in dem *Bhima* seinen Nagel *pancanaka* in den Riesen bohrt, was aber nicht klar zu deuten ist. Dabei schaut er mit erhobenem Kopf über sein Gegenüber, fast so, als wäre ihm dieser Moment lästig und er möchte diese Begegnung schnell hinter sich bringen. Hinter dem Adligen steht sein Diener, er hält einen Vogel in seiner Rechten, sicher einen Jagdfalken, die Beize mit Falken war auch hier nur den Vornehmen vorbehalten.

Abb. 24. Eine Szene wie sie aus dem *Sudamala* bekannt ist, *Bhima* in der Mitte stehend, tötet den Riesen, was nicht erkennbar ist. Hinter ihm, sein Diener, doch auf dieser Darstellung eher ein *rsi*, ein weiser Mann oder Berater, der in seiner Rechten einen Jagdfalken trägt.
Foto: Inge und Fritz (Germany 2015)

Auch andere Sichtweisen und Erklärungen sind denkbar. Wenn die linke klobige Gestalt ein Dämon, einer von den Waldmenschen wäre, als die man die Ureinwohner oft ansah, und die in Bali noch heute mit dem Namen "Aga" belegt werden - ohne dabei sichtbare Unterschiede auszumachen zu können - dann waren die Menschen sicher keine Krieger der javanisch-indischen Herren. Sie gehörten keiner Kaste an und haben eher als Arbeitssklaven gedient. Dafür spräche, dass sie keine Schärpen tragen. Hier sei an die wuchtigen Männer oder Wächter (*Dwarapalas*) beidseitig der Eingangsportale erinnert. Einer von ihnen hatte einen Jungen vor seinem mächtigen, zahnbewerten Maul, der andere hatte sein menschliches 'Opfer' zur Seite gelegt, weil er sich mit dem *Naga* beschäftigte.

Zu solchen Überlegungen passt auch *Daguan Zchous* Bericht aus *Angkor* über das Leben in Kambodscha zum Ausgang des 13. Jahrhunderts. Er spricht darin ebenfalls von Völkern oder Bergvölkern, die als Arbeitssklaven bei den *Khmer* lebten und ein sozial völlig untergeordnetes Dasein führen mussten, ohne hier auf weitere

Abb. 25. Foto: Inge und Fritz (Germany 2015).

Einzelheiten einzugehen. Dem widersprechen allerdings die Darstellungen der Personen im *Sukuh*, die manchmal sogar eine Schärpe und auch großen Schmuck tragen, was ihre Rätselhaftigkeit wieder erhöht.

In der unteren nördlichen Reliefreihe des Opferturmes, also zur linken Seite der Nische, ist eine gebückte, gedrungene Gestalt zu sehen, die völlig unbekleidet ist. In der rechten Hand hält der Mann einen Schlägel und in der anderen Hand, soweit erkennbar, einen Meißel oder ein ähnliches Werkzeug (Abb. 25). Vielleicht ist es ein Handwerker, einer der Steinmetze, der sich selbst hier abbilden wollte. Wieder wird nicht einmal versucht sein Geschlechtsteil zu bedecken, im Gegenteil seine Beine sind so geöffnet, dass der Blick vollkommen frei ist.

Sein Gesicht zeigt einen ähnlichen Ausdruck wie andere Figuren, deren Gebiss überdeutlich abgebildet wurde. Man kann in seinem rechten Mundwinkel einen Eckzahn erkennen, ansonsten sind die Lippen verschlossen und verdecken sein Gebiss vollkommen. Auffallend ist auch seine sehr breite Nase.

Die südliche Plattform

Ähnlich der nördlichen Plattform wurde auch das südliche Pendant als ein Ort der Stille, Besinnung und Reinigung betrachtet, weshalb es auch in den Wasserlauf mit einbezogen war. Wie das im Einzelnen geschah, lässt sich ebenso wenig klären wie auf der Nordseite. Es gibt nicht allzu viele Hinweise zu den Wasserläufen auf dieser Plattform. Westseitig zwischen Podest und Turm befand sich ein Wasserkanal, der heute noch sichtbar ist (Abb. 26,

Abb. 26. Die südliche Plattform mit Turm und wenigen Resten.
Foto: Inge und Fritz (Germany 2015).

links über dem Aufsatz, auf Höhe des "Fußbänkchen"). Leider sind alle weiteren Einrichtungen verschwunden, insbesondere sind die Zuläufe aus dem Gebirge nicht mehr nachzuvollziehen.
Der Turm verjüngt sich nach oben, seine Westseite ist nach vorne leicht abgeschrägt, während die übrigen Seiten fast senkrecht gesetzt wurden, um dann im letzten oberen Drittel leicht treppenartig zu enden. So vermittelt dieser Turm in seiner Architektur auch hier einen sehr harmonischen Gesamteindruck. Die Spitze ist mit einem *Lotus* besetzt, dem Zeichen des ewigen

Lebens, wobei nur das Motiv dafürsteht, keine aus Stein gehauene geschlossene Lotusblüte.

Auf der Westseite des Turmes steht über dem Podest eine waffenbestückte Gottheit in einem Sonnenkreis oder Medaillon auf einem Halbmond als *Piedestal*, wobei die Füße und Zehen ganz nach außen gestellt sind (Abb. 27). Anders hätte der Steinmetz die Füße auch kaum darstellen können, wenn er sie nicht als undefinierbares Etwas unter die Kleidung hätte hervorstehen lassen wollte. Für diese Art der Darstellung gibt es hunderte von Beispielen in den Reliefs von *Angkor*. Unter dem sichelmondförmigen Fußbänkchen ist ein rechteckiges Behältnis zu sehen, das auf fünf kleinen Säulen steht, die nicht sehr hoch sind. Ob dieses etwas mit der Stabilität zu tun hat oder ein unbekanntes Symbol darstellt, bleibt unbekannt.

Garuda, der im Götterpantheon des *Sukuh* eine Sonderstellung bekleidet, während die übrigen Götter wie etwa *Shiva* oder *Vishnu* eine ihnen bestimmte zugedachte oder angenommene religiöse Wirkungen vertreten. Über die

Abb. 27. Eine lokale Wettergottheit?
Foto: Inge und Fritz (Germany 2015).

nun unbekannte Gottheit, vielleicht eine Wettergöttin im Medaillon des Turmes der südlichen Plattform lässt sich eine Zuordnung nicht erkennen, sie muss deswegen einen besonderen Bezug zu dem Tempel und seiner Glaubensgemeinschaft haben.

Die Gottheit misst etwa 80 cm, steht aufrecht mit nacktem Oberkörper und ist von der Hüfte ab bekleidet mit einem langen bis auf die Knöchel reichenden Rock, einem *Sarong*, wie er in *Tana Toraja* auf *Sulawesi* heute noch als *dodo* gebraucht wird, der vor dem Bauch zu einer Rolle gebunden wird.

Mit den nach außen gewinkelten und hoch gehaltenen Armen hält sie jeweils einen Doppeldreizack in beiden Händen und als wäre es damit nicht genug, ist an beiden Ellbogen noch ein weiterer Dreizack angebracht. Auf dem Kopf trägt sie einen kunstvoll aufgetürmten Haarschmuck, der aus drei übereinander gesetzten Halbmonden besteht, die vermutlich an einer davor aufgerichteten halbkreisförmigen Halterung befestigt sind. Über beide Ohren, die nicht sichtbar sind, wurden viereckige mit allerlei Verzierungen und Ausschmückungen versehene Ohrgehänge angebracht, an denen zuerst je eine Kugel und danach weitere Anhänger bis auf die Schulter reichen. Die Gottheit blickt uns ernst, fast streng an, ganz leicht ist ein Oberlippenbart angedeutet, der auf eine männliche Gottheit hindeutet. Um den Hals ist ein doppelreihiger Schmuck mit drei angehängten runden Medaillons gelegt. Über die linke Schulter läuft ein Band, das irgendwie mit dem Gürtel verbunden sein muss.

Der Lendenschurz bedeckt den *Sarong* nicht bis zu den Füßen, er ist kurzgehalten und unten abgerundet. Ein Muster läuft über diesen Schurz, leider ist nicht erkennbar, was es bedeutet. Von der Mitte des *Sarong* läuft eine dicke Kordel zur linken Seite und endet hinter der Figur.

Diese Götterdarstellung lässt sich keiner der bekannten Gottheit am Sukuh zuordnen. Vergleiche mit ähnlichen Reliefs bringen keine Übereinstimmungen. Für die *Sukuh* Gemeinschaft muss sie, wenn auch vermutlich mehr auf lokaler Ebene, einen hohen Sonderstatus gehabt haben. Von besonderer Bedeutung sind die mitgegebenen Attribute, insbesondere der Dreizack als Symbol für Blitz und Donner, der auf eine Natur- oder Wettergottheit verweist. Die Mondsichel als Podest stellt gleichfalls die Verbindung zur Natur dar. Übereinander gesetzte Mondsicheln sind auch in der Kopfbedeckung zu sehen. So könnte es doch die Mondgöttin sein, der hier eine besondere Verehrung zu Teil wurde.

Andere Attribute deuten auf eine Wettergottheit hin, die seit den Urreligionen einer bäuerlichen Gesellschaft immer eine große Rolle spielte und eine umfassende Huldigung erfuhr. Auch dieser Gott hat den Bezug, der unter der Prämisse 'Fruchtbarkeit' einzuordnen ist. Da kein Zufluss für Wasser zu finden ist, wird die Wandlung zu geheiligtem *amrta* hier keine weitere Rolle gespielt haben.

In dem Medaillon sind die wichtigsten Naturelemente angesprochen: Sonne und Mond sowie das Wetter allgemein durch die Blitze. Schon deshalb ist

Abb. 28. Foto: Wald Gnom mit Ausguss durch den runden Mund.
Foto: Inge und Fritz (Germany 2015).

von einer lokalen, animistischen Gottheit auszugehen, die sich im Laufe der religiösen Evolution von einer reinen Naturgottheit zur hinduistischen Lokalgottheit und Schutzgottheit des Wasserheiligtums *Sukuh* wandelte.
Der Ausguss des *amrta* ergießt sich durch das Maul eines Waldgnom der Turmsüdseite des Turms (Abb. 28). Das Wasser lief sicher nicht beständig, sondern nur bei Zeremonien. Dann konnte das *amrta* in Gefäßen aufgefangen werden.
Der niederländische Gelehrte *Raven* sah in dem affenähnlichen Wesen einen in Java sehr bekannten Gnom, einen friedlichen Dämonen, der sich in den Bergen in Höhlen aufhielt, den die Menschen in Java verehrten und in ihr Brauchtum aufgenommen hatten. Dieser Waldgnom gehörte zu den dämonischen Heerscharen, die zu Gott *Shiva* eine enge Verbindung hatten. Auffallend auch hier die Darstellung seines großen Geschlechtsteils.
Die Erklärung dafür liegt in lokalen Bezügen, etwa der herausragenden Bedeutung des männlichen Parts in einem weitgehend unbekannten Fruchtbarkeitskult, der nur hier zelebriert wurde und dessen Hintergründe und Feierlichkeiten verborgen bleiben.
Die relativ schmale Mundöffnung macht deutlich, dass nie ein mächtiger Wasserstrahl aus dem Turm schoss, diese vermittelt eher den Eindruck ei-

nes, je nach Bedarf, geregelten und gedrosselten Wasserlaufes. Der Gnom hält in seiner rechten Hand, soweit erkennbar, einen Halbmond, in der linken einen unbekannten Gegenstand. Wieder ist der Schoß weit geöffnet dargestellt, wie er sich oft bei Einzelstatuen findet.

Um die Plattform sind einzelne Reliefs und Statuen aufgestellt, fast alle sind zerstört oder Teile davon fehlen. Insbesondere wenn das Geschlecht dargestellt wurde, ist es herausgehauen, was auf eine mutwillige Zerstörung hinweist, ganz so, als wollte man dieses nicht öffentlich zeigen. Statuen, die nicht entblößt sind, sind kaum oder gar nicht zerstört. Vor der südlichen Plattform, die vermutlich häufiger als Mittelpunkt lokaler Zeremonien und Riten genutzt wurde, stehen einige Statuen, die direkt auf die lokale Gottheit in dem sonnenähnlichen Medaillon hinweisen und einen deutlich ausgeprägten männlichen Fruchtbarkeitskult zeigen.

Weil bei einer dieser Statuen der Kopf fehlt (Abb. 29), kann auch eine weitere Zuordnung nicht erfolgen. Da die Statuen sonst keine größeren Schäden aufweist, wurde sie bei den Zerstörungen vermutlich nur umgestoßen, dabei brach der Kopf ab, der vielleicht bei weiteren Grabungen wieder zutage kommen dürfte.

Eine andere Statue steht unmittelbar am Aufgang zur Westseite der Plattform und eine zweite zwischen Plattform und großer Pyramide. Es handelt sich möglicherweise um Wächterfiguren (*Dwarapalas*), wobei letztere verhältnismäßig gut erhalten ist und man an ihr Einzelheiten erkennen kann.

Abb. 29. Vor der Nordseite der Plattform ist dieser sehr kräftige Mann aufgestellt, der mit der linken Hand sein erigiertes Glied fest umklammert und in seiner Rechten eine Waffe trägt. Auch die Kugeln an der Spitze des Phallus sind deutlich erkennbar, ihre Bedeutung dürfte in tantrischen Zeremonien begründet sein.
Foto: Inge und Fritz (Germany 2015).

Abb. 30. Der Kopf einer weiteren Figur, die etwas weiter weg von der südlichen Plattform steht Viele Statuen konnten nicht an ihrem ursprünglichen Platz aufgestellt werden, weil dieser nicht mehr bekannt ist. Unbeantwortet bleibt auch die Frage ob es Dämonen, Kultpriester, Krieger oder *Dwarapalas* (Wächter) sind. Die breite Form ihres Kopfes, der Nase, des Gebisses unterscheidet sie doch sehr von den feineren Zügen etwa der abgebildeten Adligen.
Foto: Inge und Fritz (Germany 2015).

Eine weitere Figur kniet rechts, während sie mit dem linken Bein auf dem Boden steht. In der linken Hand hält der Mann eine recht grob zugehauene Waffe. Auf dem sehr kräftigen Körper sitzt ein runder Kopf mit sehr breiter Nase, und Glubschaugen, die stark hervortreten und seinem Aussehen etwas Dämonenhaftes geben.

Der Mann ist unbekleidet, er umklammert mit seiner Linken sein Glied, das durch das Zerschlagen der Einzelheiten nicht mehr erkennbar ist (Abb. 31). Offenbar gehört der Mann jener Kaste an, die als Wächter oder Krieger allenthalben abgebildet sind. Viele dieser Figuren sind allerdings auch bekleidet. Das mächtige Gebiss deutet auf eine Krieger- oder Wächtergruppe hin. Die Ohren sind mit einem Metallschmuck mit Ringen behängt, die an den Wangen herunterhängen. Die Haare sind mit einer Art Helm oder Mütze bedeckt.

Abb. 31. Wächterfigur? Grob-kräftig, auch er hält mit der Linken sein Geschlechtsteil, rechts seine Waffe.
Foto: Inge und Fritz (Germany 2015).

Ein weiterer rechteckiger Stein, auf dem einzelne Personen in besonderen Positionen oder Tätigkeiten abgebildet sind, steht auf der rechten Seite des Treppeneinganges zur südlichen Plattform. Da hier keine Geschlechtsmerkmale offen dargestellt sind, wurden diese Reliefs oder Statuen nicht zerstört. Dies unterstreicht die Vermutung, dass der Tempel, nachdem die Gemeinschaft nicht mehr bestand, einer Änderung der moralisch-religiösen Ansichten und Lehren zum Opfer fiel. Er wurde schlichtweg ausgeräumt, seine Skulpturen wurden zerschlagen, um zu beweisen, dass diese Götter sich nicht wehren können, aber auch um den Anhänger der alten Religion die Möglichkeit eines Bet- und Versammlungsortes zu nehmen.

Diese quadratische Säule (Abb. 32) zeigt zwei sehr fein herausgearbeitete Reliefs, wie sie für den *Sukuh* nicht üblich sind. Auf der Westseite des Steinquaders sitzt ein Adliger möglicherweise ein Fürst, den man an seiner besonderen Haartracht erkennt, in einer sehr lässigen Sitzhaltung mit übergeschlagenem Bein auf einem Thron. Über ihm steht aufgespannt – soweit erkennbar – ein Ehrenschirm. Der Mann trägt ein bequemes Beinkleid, eine Hose, aber keinen Rock oder *Sarong*. Er hat nicht sehr viel Schmuck angelegt und scheint sich ganz seiner Ruhe hinzugeben.

Abb. 32. Ein 'Bilderstein' vor der südlichen Plattform. Möglicherweise *Bhima*, die Frauenfigur ist unbekannt.
Foto: Inge und Fritz (Germany 2015).

Der Thron, eher ein einfaches Sitzmöbel, ist bislang unbekannt. Leider hat der Steinmetz auf technische Einzelheiten verzichtet, er achtete nicht auf die Perspektive, dadurch ist die Tiefe, die eigentliche Sitzfläche des Stuhles oder Thrones nicht erkennbar. Zudem sind nur die beiden vorderen Stuhlbeine sichtbar, die mit einem Termitenschuh am unteren Ende geschützt sind.

Auf der Nordseite des Quaders sieht man eine Frauengestalt in gebückter Haltung, die eine geflochtene Tasche vor sich an einer langen Aufhängung trägt. Sie hält die Tasche mit ihrer rechten Hand fest, während sie sich mit der linken versucht abzustützen. Auch ihr Kleid besteht aus einem ähnlich geflochtenen oder gewebten Material. Die Frau trägt auch ihren Busen bedeckt und ihr Kleid schließt ihren ganzen Körper ein. Das Schuhwerk ist nicht leicht auszumachen, fast möchte man annehmen, dass die Schuhe wie ein Halbmond geformt sind, da sie am Ende auch so zulaufen. Streng und kurz ist ihr Haar gelegt, auf dem Kopf trägt sie eine Unterlage, um eine Last auf dem Kopf balancierend zu tragen, ganz so wie das bis heute in Bali auf dem Land üblich ist. Hier sieht man, besonders zu Erntefesten, die Frauen mit einem hohen Fruchtkorb auf dem Kopf zum Tempel schreiten, sehr zum Gefallen der Besucher. Im Hintergrund des Frauenreliefs ist eine Kokospalme erkennbar, eine Frau schultert Kokosnüsse, die zu einer Schnur gebunden sind.

Dies deutet darauf hin, dass sie auf dem Weg zu einem der örtlichen Märkte ist, um ihre Produkte anzubieten, Kokosnüsse und vielleicht Eier, die sie in der Tasche mit sich trägt, ein alltägliches Bild wie es sich tausendfach zugetragen haben mag und heute sich immer noch auf lokalen Märkten findet.

Eine andere Deutung eröffnet sich bei einem Rückblick auf die *Pandava* Brüder, vielleicht *Bhima*, der seiner Mutter nach ihrer Erlösung noch einmal in einem Garten begegnet, wie das die Bäume andeuten. Er, der sonst meist bewaffnet erscheint, ist hier in einer leichten und luftigen Kleidung in großer Lockerheit zu sehen, um sich an der Erlösung seiner Mutter zu erfreuen.

Das Schmiederelief

Abb. A. Schmiederelief. Herausstellung der Männlichkeit und männlicher Attribute wie Schwert oder *Kris*, ist ähnlich in anderen Reliefs auszumachen, z.B. in dem noch zu besprechenden Relief, das *Bhima* als Schmied darstellt, als einen Schamanen, der Waffen schmiedet und durch seine mythischen Eigenschaften das Metall bändigt und zur Wirkung bringt. Männlichkeit, Waffen und die Ansprache an die Mitglieder der 2. Kaste der Krieger (*ksatriya*) unterstreichen zuzüglich der göttlichen Schaffung des reinwaschenden *amrta* und deren Bedeutung von *Sukuh* für diese betonte Männergesellschaft und ihre Glaubensgemeinschaft.
Foto: Inge und Fritz (Germany 2015)

Candi Sukuh zeigt auf einem etwas seitlich und unter einem ziegelgedeckten Dach ein dreigeteiltes Relief, das rechts und links zwei Männer darstellt, einer sitzend, der anderen stehend und in der Mitte des Reliefs einen tanzenden Elefanten mit menschlichem Körper, aber mit Elefantenkopf und Rüssel und einer Haubenkrone auf dem Kopf, unverkennbar *Shivas* Sohn *Ganesha*. Er tanzt auf oder vor der Türschwelle, die das Symbol für 'Hindernisse' ganz allgemein darstellt. Vor sich greift dieser Elefantenmensch grob mit seiner Linken einen kleinen Hund am Schwanz, vielleicht ist es aber eine Katze, es ist nicht deutlich zu erkennen, die den Kopf verdutzt nach ihm dreht. Blitzt da hinter dem Tier ein Teil der Mondsichel hervor? Vielleicht ein Hinweis auf ein nächtliches tantrisches Tanzvergnügen *Ganeshas*? Recht auffallend bei dem

Elefantenmensch ist sein dicker Bauch, ganz so als wäre er schwanger, dabei trägt er jedoch ein männliches Geschlechtsteil, das nur noch in Resten am unteren Bauch noch angedeutet zu erkennen ist, weil zerstört.
Der Mann auf der linken Bildseite ist unzweifelhaft ein Schmied, der an seiner Esse sitzt und arbeitet. An der Wand hängt eine Anzahl gefertigter Waffen, Schwerter und Hakenhellebarden, vielleicht sind auch Werkzeuge dabei, um Felder zu bestellen. Der Schmied selbst hält die Griffzunge eines Schwertes oder *Kris* in seiner linken Hand, die Waffe liegt zum Schmieden auf der Esse auf, während er seine erhobene rechte Faust als Hammer gebraucht.
Unter der Esse hängen weitere Gerätschaften, ein Schlegel, Meißel und Schneidhämmer, letztere, um heißes Eisen zu zerstückeln. Über den oben aufgereihten Waffen ist eine unbekannte Inschrift eingeschlagen. Der Schmied, der sehr konzentriert mit seinem Schwert oder *Kris* beschäftigt ist, hat dabei seinen rechter Arm ist ganz angewinkelt erhoben, um tatsächlich mit barer Faust das vor sich liegende glühende Eisen zu schmieden.
Der rechts stehende Mann des Reliefs ist möglicherweise der Gehilfe des Schmiedes, der einen Doppel-Blasebalg bedient. Er steht aufrecht, pumpt Luft aus einem säulenartigen Balg Luft und blickt noch mehr abwartend hinüber auch das Richtige zu tun. Nach seinen Gesichtszügen ist der Gehilfe fast dem Schmiedemeister gleich, auch in der Frisur, nur das Ohrgehänge scheint unterschiedlich zu sein.
Dieses Relief ist hier im Bezirk des *Sukuh* das einzige Zeugnis, weitere Hinweise finden sich nicht, mit einer Deutung und Lösung ist wegen des fehlenden Vergleichs nicht möglich.
Von vornherein muss also eine vereinfachte bildliche Darstellung einer Schmiede und eines Schmiedes mit seinem Gesellen ausgeschlossen werden. Vielmehr ist in der Darstellung ein den Betrachter anzusprechendes Symbol zu sehen, ihm soll die Kraft des Elementes Eisen und die Wirkung des Schmiedens unter mythologischen Bedingungen näher gebracht werden, Krisschmiede genossen in Java immer eine besondere Ehre und Anerkennung.
Es gibt nur wenige Hinweise und demnach auch keine ausreichenden Erläuterungen, um dieses so einmalige aber zugleich auch fremd erscheinende Relief zu erklären und Zugang zu einer Aussage zu suchen. Ob überhaupt die Bearbeitung des Metalls und seine Bedeutung für die Menschen eine Deutung in sich birgt, ist durchaus denkbar, denn in der Bearbeitung des Metalls durch Feuer wohnt ein gewisses Geheimnis inne, das durchaus im Mythologischen seine Erklärung findet.
Von den meisten Tätigkeiten der Menschen, ihren Berufen, wie beispielsweise Weber, Bäcker, Müller, Zimmerer, um einige hier wahllos herauszugreifen, konnte der Mensch diese Tätigkeiten durchaus selbst mit mehr oder weniger Geschick ausführen, die des Schmiedes jedoch nicht, denn schon das Herstellen eines Metalls, insbesondere des Eisens, oblag meistens dazu be-

Abb. B. Das Relief aus einer anderen Perspektive macht deutlich, dass Kopf und Teile des Oberkörpers des Schmiedes nur noch wenig Verbindung zum hinteren Stein haben, was die besondere Kunstfertigkeit des Steinmetzes unterstreichen mag. Foto: Inge und Fritz (Germany 2015).

stimmten und besonders ausersehenen Menschen. Nicht selten sehen einige Kulturen Priester oder Schamanen als die dafür Auserwählten, auch tapfere Krieger oder gar Zwerge und Gnome, finstere Waldbewohner, selbst Dämonen, auch Individuen und Kreaturen, die einen vermuteten geheimnisvollen Zugang zu dem Feuer haben könnten.

Geheimnisvoll und rätselhaft darin einen nur mythisch erklärbaren Hintergrund zu sehen, war es von alters her, Eisen herzustellen und zu bearbeiten, letzteres noch mehr, weil durch das Schmieden und plötzliches Erkalten das Metall noch härter wurde. Allein das konnte man sich nur mit göttlichen Eingriffen erklären, vollzogen durch den Vermittler "Schmied". Selbst in europäischen Breiten war die Eisenbearbeitung besonders für Waffen solchen Schmieden angedacht, die besondere Fähigkeiten besaßen, das Metall zu bearbeiten, dass es als Waffe unbesiegbar, sprich unzerstörbar war. Diverse Schwerter – *Balmung* der Nibelungen, *Excalibur*, geschmiedet vom Zwerg Merlin in der Artus-Saga – seien stellvertretend hier genannt.

Für den Ablauf der Prozesse galt die Metapher einer geistig-transzendentalen Umwandlung, die durch die Energien des Feuers erreicht und eingeleitet wird. Aus dem Schmieden des Eisens wurde eine symbolische Reinigung und Läuterung der Seelen der Gläubigen und ihrer Ahnen ins Bild gesetzt.

Ganz wie es den Steinmetzen und Künstlern gelang in erkennbaren Zeichen und Hinweisen die Aufmerksamkeit der Betrachter anzusprechen, in dem sie eine Atmosphäre der Verständigung zwischen Metallverarbeitung und den Lebenden und den Seelen der Verstorbenen herzustellen versuchten, versetzt der Schmied das Feuer der Esse als eine Energie in Gang und bearbeitet das Eisen (Schwert), zelebriert damit eine geistig-mythische Umwandlung. Denn wie sonst wären Seelen nach dem Tod zu reinigen und zu läutern und damit vor der ewigen Höllenglut zu retten, denn auch Eisen wird durch Feuer und Schmieden gereinigt, ebenso könnten Seelen der Menschen von Sünden befreit und damit gerettet werden. Das Relief präsentiert das wirklich Innere dieser Sicht, vielleicht mehr eine Vision des Schmiedes und seines Gehilfen, einen kosmisch-mythologischen Prozess in Gang zu setzen und durch die Fähigkeit das Metall zu verändern auch die gefallenen Seelen zu wandeln, gar zu erneuern.

Denn die Vorstellung der Erlösung einer Seele oder eines Sünders beherrscht diesen Wandlungsprozess umfassend. Eine geistige, auch sinnliche Befreiung und Reinigung, ist das alles beherrschende Thema des Sukuh-Tempels, kurz gesagt, der Tempel stellt dafür den Rahmen dar. Damit wäre für alles bereitet und ein Weg durch Klarheit der transzendenten Welt erkoren, um ein dichtes Verbindungsnetz zu schaffen, um eine Verflechtung von Schmiede, Reinigung des Metalls gleich Reinigung der Seele zu erreichen. Diese umfassende Verflechtung der Dinge und des Vorganges bestätigt damit, dass das zu schmiedende und damit zu reinigende Eisen eine Metapher für eine geistige Transmutation darstellt.

Viele Mythen in Java und Bali, aber auch in anderen Teilen des Inselreiches, ranken sich um Schmiede und auch um ihre Werkstätten. So heißt es in balinesischen Mythen und Legenden, dass die Schmieden ihre Macht von einem Feuergott schon vor Urzeiten erhalten hätten, lange bevor die hinduistische Religion zur Insel kam. Schmiede stellten ihr eigenes heiliges Wasser her, sie gebrauchten das heilige amrta der Brahmanen nicht, es war ihnen gar in ihrem Ehrenkodex verboten einen Brahmanen zu irgendwelchen Riten zu befragen, schon gar nicht Brahmanen, um die Durchführung eines Rituals anzugehen. Es wird von heiligen Formeln und Ritualen des Todes geredet, die nur in der Schmiede ausgeführt werden dürfen, um Seelen der Ahnen zu lösen, sie zu retten und zu befreien.

Abb. C. *Bhima (Shiva)* in seiner Schmiede
Foto: Inge und Fritz (Germany 2015).

Mythen über die Seelen der Toten und ihre Reinigung und Befreiung durch die Macht und mythische Kraft der Schmiede finden sich ebenso bei den Toraja in Südsulawesi. Sie haben ebenfalls einen Schmiedegott, der die Seelen der Toten sogar erwecken konnte. Nach dem *Adat* der *Torajas*, muss der Tote einbalsamiert werden und bleibt so körperlich unversehrt für ein Wiederaufstehen, dazu bedarf es dann auch einer wiedererwachten Seele. Mythen der *Dayak* auf *Borneo* berichten von drei Altären, die in der Schmiede zu bestimmten Ritualen aufgestellt werden mussten, ohne die sonst die Zeremonie nicht wirkte.

Da ist die Person des Schmiedes vordergründig zu betrachten, der offensichtlich wie es seine Kleidung verrät, der höheren Gesellschaftskaste, vermutlich der Kriegerkaste angehört. Er ist also in Wirklichkeit kein Schmied, nimmt nur hier seine Stellung ein, als ein Vornehmer der *Majapahit*-Ära trägt er die typische Kleidung der Zeit. Es ist *Bhima*, hier sicher eine Inkarnation *Shivas*, einer der *Pandava* Brüder aus dem *Mahabharata*-Epos, der in der indonesischen Mythologie eine herausragende Rolle einnimmt als Held der Schlacht von *Kurukhshetra*. Er ist der Mittler und Bittsteller im *Candi Sukuh*, so die Erzählung eines Reliefs der nördlichen Plattform, und nachdem er sich aus den Fängen der Göttin *Durga* befreit hatte, sich dann so geläutert endlich der Befreiung seiner verstorbenen Eltern zuwenden konnte, um ihre verdammten Seelen aus Höllenpein zu lösen. Er reinigt bei der mythologischen Wandlung das Metall durch sein Schmieden, rettet damit sündige Seelen, zeigt sich so in einem weiteren Relief des *Sukuh*. Überhaupt sei an etliche Steinbilder in anderen heiligen Stätten dieser Zeit erinnert, auf denen *Bhima* als einer der Helden des *Mahabaratha* als Vermittler zu den Göttern auftritt.

Bhima, auf dem Relief in der Weise der *Majapahit* gekleidet, trägt knielange Beinkleidung, zeigt sich dabei mit freiem Oberkörper, der mit reichlich Schmuck und Ketten geschmückt ist, ebenso mit Armreifen. Ihn ziert eine strenge Haartracht, in die ein Diadem oder ein Goldreif eingebunden ist. Seine Körperhaltung ist betont lässig, man kann nicht sagen, er wäre wegen seiner Tätigkeit angespannt. Seine Augen treten hervor, vielleicht lediglich die Kunst des Bildhauers, ganz selbstverständlich ziert die Oberlippe ein Schnurrbart der Zeit. Den *Sarong* hat er über der Hüfte in drei Rollen gewickelt, wie auch auf den anderen Darstellungen. Sein Lendenschurz ist zusätzlich mit dem besonders geschnittenen und lang runterhängenden Überschurz geschmückt.

Über die Schulter bis zu Hüfte verläuft quer über den Oberkörper eine dicke Zierkordel. Sie heißt *upawita*, was an eine Schlange oder *Naga* erinnern möchte. Diese *upawita* wurde bei Zeremonien zu Todesfeierlichkeiten angezogen, der Zusammenhang auch zu dieser Darstellung auf dem Relief als ein Todeskult ist damit unverkennbar. *Bhima* hat in seiner Rechten keinen Hammer, kaum anzunehmen ist, dass der Künstler ihn vergessen habe, es hat wohl einen anderen Grund, möglicherweise ein Zeichen seiner übernatürlichen Kräfte, schmiedet er doch das Eisen auch mit blanker Faust, reinigt und schmiedet mit ungeschützter Hand nicht nur Metall, sondern im Mythos ebenso gefallene Seelen. Undeutlich ist die Szene mit seiner linken Hand. Sie greift oder hält die Zunge des Schwertes und damit das rot glühende Metall, mit oder ohne Schutz, was nicht deutlich erkennbar ist.

Unklar bleibt auch die Lage des glühenden Schwertes, denn soweit sichtbar liegt es auf einem tischartigen Amboss, eine Esse kann das nicht sein. Berührt das Knie das Schwert? Es wird nicht deutlich, sieht eher so aus als ob ein Zwischenraum wäre. Alle diese offenen Fragen sind bedeutungslos, denn in javanisch-indischen Legenden, die den Schmieden übernatürlich Kräfte und Macht geben, schmieden sie mit bloßer Faust auf dem Schenkel ihres Beines das Eisen. Um gefallene Seelen zu reinigen und zu retten, ist kein irdischer Vorgang notwendig, der Umgang mit Feuer und glühendem Eisen ist ein rein mythischer Ablauf.

Wer anders als der Held aus dem *Mahabaratha* und Hauptdarsteller vieler Legenden mit über natürlichen Kräften ausgestattet, der vielfach auf Reliefs des *Candi Sukuh* auftritt, streitet und bittet flehentlich die Götter ihm das *amrta* zu überlassen, damit er seine Eltern befreien kann. Auf dem vorstehenden Relief reinigt er mit Feuer und Schmieden die sündigen Seelen der Ahnen, ohne hier bewusst auf seine Eltern hinzuweisen. Überhaupt ist er in den Vorstellungen der machtvolle Recke, der hilft, kämpft, streitet, ganz so als gelte es die letzten Zweifler noch zu überzeugen.

Nicht nur im *Sukuh*, auch im übrigen *Java* tritt *Bhima* etwa im 10 Jahrhundert als allwissender Lehrer auf, wie auch in *Bali*. Hier ist er sogar in buddhistischen Texten als buddhistisch tantrische Figur genannt *Vajrasattva*. Je jünger sein Auftreten wird, umso mehr wandeln sich seine ihm zugegebenen Fähigkeiten, sie werden mehr und mehr mit tantrischen Symbolen besetzt, man muss somit von einer Aufnahme in das tantrische Pantheon ausgehen. Damit wird auch zu der mittleren Figur des Reliefs eine Verbindung gegeben, ist diese doch ganz vom tantrischen Mythos behaftet.

Es waren im indischen Kulturraum über Alchemisten und Schmieden auch Verwandtschaften zum *Tantraismus* erkennbar, der vermutlich mit dem Hinduismus/Buddhismus in Java und auf anderen Inseln eine Einflussnahme auf vorzeitige Vorstellungen ausübte. Indische Überlieferungen zeigen anfänglich den Wunsch durch Rituale dieser Art ewige Jugend herbeizuführen, hier liegt eine starke Betonung auf dem Sexuellen, aber ebenso schwebte die Wandlung zu Gold vor, was man durch allerlei Hilfsmittel zu erreichen suchte. So zeigen diese Wege zur Goldwandlung sehr enge Verbindungen zu den Figuren des Reliefs im *Candi Sukuh*. Den indischen Alchemisten, Metallurgen und Schmieden ginge es auch bei der Wandlung um die Läuterung von Unreinem, das es zu säubern galt um von hier aus reines Gold zu erhalten, denn Gold war zugleich 'Unsterblichkeit' und 'ewige Jugend', war 'das Vollkommene', geschaffen von dazu berufenen Männern, im Geistigreligiösen auch durch *Yogî*, denn er kann durch seine Askese die Materie wandeln, physische Läuterung des Metalls durch den Alchemisten und Schmied entspricht der asketischen Folterung des *Yogî*. Viele Formen von Läuterung und Umwandlung erreichten eine Fülle von Wandlung- und Reinigungsmöglichkeiten, die sich daraus ergaben. Verstehen wird man letztlich die Zusammenhänge nur aus den Anfängen der geistig-religiösen Vorzeiten Indiens, da hier schon die Fundamente für Wandlung und Zauber, für Unsterblichkeit und Ewigkeit des Lebens gelegt wurden.

Die Schmiede schafften die Wandlung mit Hilfe des Feuers. Dabei sind auch gerade hier die Wurzeln tief in einer mythischen Vorzeit zu erkennen, das Feuer brachte dann die schnelle Wandlung des Metalls durch das Schmelzen und auch Erhitzen zum Schmieden und Läutern. Man möchte fast dazu sagen, der Schmied vollendete die Schöpfung, ordnete die Welt auf seine Art, schuf Kultur und brachte den Menschen zur Erkenntnis der mythischen Hintergründe ihres Daseins. Schmiede und ihre Helfer waren bald die Beherrscher des Feuers, hatten damit für sich einen Weg zu den Göttern oder dem einen Gott des Feuers gefunden. Im geistigen Bereich gelang das auch Schamanen und im Indischen den *Yogî*, auch den Mystikern, letztere wurden

als die Helfer der Seelen, des Geistes und des gesamten Innenlebens betrachtet.
In der Mitte des Reliefs tanzt ein fülliger Mensch mit Kugelbauch und einer Krone auf dem Elefantenkopf, die Krone ist in Forme einer Haube. Nach der hinduistischen Mythologie ist es *Ganesha*, dabei einen kleinen Hund am Schwanz grapschend, der verdutzt vielleicht auch schmerzhaft ihn anschaut. Wie auch auf der Darstellung deutlich zu erkennen, war dieser tanzende Elefantenmensch durch den Künstler mit einem männlichen Geschlechtsteil dargestellt, die Teile wurden jedoch zerstört, auch wenn die Reste ganz klar auf das vorige Vorhandensein schließen lassen.
Hinter dem kleinen Hund – oder ist es doch eine Katze, weil die Ohren so klein wie bei einer Katze und der Kopf von hinten nur zu sehen ist – sind ein Paar Vogelschwingen zu erkennen mit denen vermutlich *Ganesha* an diesen Ort geflogen kam und er diese danach ablegt hat. Dabei bleibt insgesamt die Mischform zwischen Mensch und Tier bei dieser Figur in der Mitte des Reliefs rätselhaft und kann nur im Mythologischen gesehen werden. *Ganesha*, der ein sehr beliebter Gott ist, weil vermutlich seine Art, sein freundlicher, humorvoller und immer lustiger Auftritt bei den Gläubigen ankam. So übernahm er dann auch einige Formen und Eigenschaften, die ihm nach und nach zugeschrieben wurden. Ausgehend von seinem Namen ist er ein "Gebieter der Scharen", also Herr über eine Gruppe. Er wird als der "Entferner oder Zerstörer von Hindernissen" gepriesen, aber gleichzeitig auch als der "Herr der Hindernisse" genannt, der neue Hindernisse aufrichten kann. Er schenkt "Erfolg bei der Arbeit" und gibt "Wohltaten an den, der schenkt". Damit sind jedoch nur einige wenige seiner göttlichen Fähigkeiten angesprochen. Je nach Gegend und Region sind diese auch wechselhaft. Insgesamt ist jedoch von einer sehr liebenswürdigen Figur auszugehen.
Auch im *Tantra* wird er verehrt, er gilt hier als ein wundervoller Tänzer, zur Freude der Frauen bei denen er als ein ebenso beglückender Liebhaber gilt. Legenden berichten, er könne gleichzeitig mehrere Frauen lieben. Da *Ganesha* auch viele Formen und Eigenschaften anderer Götter annehmen kann, muss sein Kugelbauch nicht weiter verwundern, geht dieses doch auf alte Fruchtbarkeitsgenien aus den *Yakshas* zurück. Diese Verbindung zu den Fruchtbarkeitsgenien brachte ihm auch seine Verbindung zu der Landwirtschaft und den Bauern ein. Er wird in bestimmten Regionen mit Pflug, Bindeseil für Fruchtgarben und anderen landwirtschaftlichen Gerätschaften gesehen, wobei Fruchtbarkeit, mythologisch ausgelegt, ihn als Helfer anspricht. Sehr kommt ihm hier seine joviale, ja lockere Verhaltensweise entgegen, was die Gläubigen gern an und in ihm sehen und erkennen wollen.
Rätselhaft bleibt jedoch seine Mischform in diesem Relief. Seine Form und Aufgabe kann in dieser Darstellung des *Ganesha* nur im Zusammenhang mit den mythologischen Vorgängen des eisenschmiedenden *Bhima* gesehen werden, dem er damit zeigt keine Hindernisse für die Wandlung des Metalls aufzurichten. Allgemein wird er in dieser Mischform Elefant-Mensch als

Abb. D. Foto: Inge und Fritz (Germany 2015).

Wächter und Aufpasser des Himmels oder des Weltalles gesehen, inwieweit das hier zutrifft und bedeutungsvoll ist, kann nicht belegt werden.
Rätselhaft auch, dass der Künstler die Legende mit einer kleinen Katze gerade hier darstellt, sieht das dargestellte Tier auch mehr nach einem kleinen Hund aus, in der bekannten Legende mit der Mutter des *Ganesha* war es jedoch eine Katze. Diese erzählt, dass *Ganesha* ein Kätzchen ärgerte, es am Schwanz zog, was für Katzen sehr schmerzhaft sein kann, es dann auch noch hin und her schleudert, bis das Kätzchen ihn in seiner Not kratzte und biss. *Ganesha* traf später seine Mutter *Parvati* am Himalaya und sah Kratzspuren an ihr. Er fragte natürlich danach, sie antwortete nur, es wäre eine Katze gewesen.
Im *tantrischen* Denken und seinen Riten wird man den tanzenden und schwangeren Elefantenmensch mit *Phallus* erst einmal ausfindig machen und entdecken müssen, um ihm als zentrale Figur dieses Reliefs einen Platz zuweisen zu können. Offensichtlich ist der Elefantenmensch wohlgelaunt und tanzt, wobei er den Hund (Katze) übermütig gelaunt am Schwanz packt, um das Tier zu ärgern. Er, der Herr der Hindernisse, tanzt geradezu in symbolischer Form auf den Hindernissen herum und der unter ihm gelegten Türschwelle. Dabei überwindet er durch seine ungenierte Art Grenzen, was mythologisch gesehen heißt, er ermöglicht die wunderbar geheimnisvolle Wandlung des Metalls von einem zum anderen Zustand, in dem der Schmied durch Schmieden eine Veränderung erreicht. *Ganesha* begleitet die Ablaufprozesse, die anscheinend mit Leichtigkeit von statten gehen, ganz wie sein Tanz von Leichtigkeit und Offenheit geprägt ist. Andererseits bleibt er aber dabei geheimnisvoll, möchte ausdrücken, dass diese mythische Wandlung nicht offen, sondern im Verborgenen geschieht und abläuft. Sein Äußeres nimmt dabei einen schelmenhaft dämonischen Gesichtsausdruck an, gibt sich damit geheimnisvoll, stellt sein Genital bewusst provozierend zur Schau, nur um herauszufordern und abzulenken, um das Geheimnis der Wandlung weiter verborgen zu halten.

Steintafeln des Kidung Sudamala, des Epos Sudamala

Auf der dritten Terrasse erzählen fünf große Steinreliefs die Geschichten des *Sudamala* in Ausschnitten. Übersetzt heißt *Suda* 'sauber' oder 'rein' und *mala* = 'sein'. Die Figuren dieser Reliefs sind ähnlich der javanischen *Wayang*-Figuren dargestellt, sie stehen mit ihren Körpervorderseiten da, wobei ihre Köpfe seitlich nach links oder rechts sich abdrehen, um ihren Gesprächspartner ansprechen zu können.
Die Tafeln erzählen die Geschichten aus dem *Kidung Sudamala* von *Sadewa* (*Sahadewa*), einer der fünf *Pandava*-Brüder des *Mahabaratha* und seinem Zwillingsbruder *Nakula*. *Sadewa* möchte *Dewi Uma*, eigentlich die Gattin *Shivas*, von einem auf ihr lastenden Fluch als Riesenweib und dazu noch

Tafel I: Die Szene spielt im Garten *Setra Gandamayu* mit Häusern und Fruchtbäumen, hinten links ein Gebäude mit einem *Meru*-Dach, dabei werden mehrere Dächer übereinandergesetzt, wie das bei einigen Tempeln in Bali bekannt ist. In der Mitte drohend hässlich und übergroß *Bathari Durga*, ein Zahn noch im Mund und lang herunterhängenden Brüsten, ein Schwert in der Rechten, um zuzuschlagen und mit der linken Faust drohend. Ihr gegenüber an einem Baum stehend, vielleicht auch gebunden, *Sadewa*, dahinter ängstlich kauernd sein Knecht Semar. Im Baum hinter Sadewa zwei Eulen, die Vögel des Todes!
Foto: Inge und Fritz (Germany 2015).

Bathari Durga genannt, befreien. *Dewi Uma* war nämlich durch ihren Gatten *Bathara Guru* mit diesem Fluch belegt worden, weil er sie mit seinen sexuellen Wünschen und Begierden in einer für sie ungeeigneten Form und Zeit danach bedrängte, sie ihn aber forsch zurückstieß. Ihr göttlicher Gatte ärgerte sich so sehr über die Zurückweisung und ihre Ablehnung, dass er sie in die Riesenfrau Bathari Durga verwandelte. Andere Erzählungen und Auslegungen des Sudamala sprechen von einem hässlichen Weib, in das er seine Frau, um sie zu abzustrafen verwandelt hätte.
Bathari Durga ist verschlagen, sie täuscht *Kunti*, die Mutter *Sadewas*, die im Garten *Setra Gandamayu* als unreine Büßerin ihrer Sünden wegen lebt und bittet sie ihren Sohn, den edlen Krieger und Kämpfer in den Garten einzuladen. Dabei dachte *sie* nur daran ihm machtvoll und drohend entgegenzutreten, um dann machtvoll von ihm die Aufhebung des Fluches zu fordern.
Eine andere Form der Legende erzählt von einem *Sang Hyang Tunggat* und einem *Sang Hyang Wisesa*, die *Bathara Guru* von einem Seitensprung seiner Gattin *Dewi Uma* berichteten. Er erzürnte sich so sehr darüber, dass er

Tafel II. Nur die Gottheit steht erhöht aufrecht, *Sadewa* und sein Knecht bitten kniend und flehend um Rettung ihres Lebens. *Sadewa* blickt die Gottheit ehrfurchtsvoll an. Auf dem Kopf trägt dieser eine *Makuta*, das Zeichen höchster göttlicher Würde. Foto: Inge und Fritz (Germany 2015).

seine Gattin *Dewi Uma* mit einem Fluch belegte, sie sollte künftig eine Riesenfrau sein und nur *Sadewa*, einer der *Pandava*-Zwillinge, Sohn der *Kunti*, würde sie von diesem Fluch befreien können.

Noch zwei weitere Menschen sind von *Bathari Guru* mit dem Joch seines Fluches belegt. Auch sie sind in Riesen verwandelt worden und heißen jetzt *Kalanjaya* und *Kalataka*, wurden zu Sklaven der Göttin *Hastina*. Ursprünglich hießen sie *Citrasena* und *Citranggada*, weil sie aber nicht den Göttern den nötigen Respekt gezollt hätten oder vielleicht mit *Dewi Uma* sich sündhaft gaben, wurden sie ebenfalls von *Bathara Guru* [*Shiva*] verwandelt.

Wegen ihrer Wut und ihres Ärgers über ihr Aussehen keilt *Dewi Uma*, die nun als hässlich verwandelte und verfluchte *Bathari Durga* im Garten *Setra Gandamayu* in der Bildmitte mit gezücktem Schwert gegen alle. Hier findet sie *Sadewa* und fordert von dem edlen Krieger sofort ihre Befreiung von ihrem Fluch. Die Szene spielt in dem Garten, in dem Verbannte, Verstoßene der Götter und andere Sünder ihre Bleibe gefunden haben. Sie sind als sehr seltsame Geschöpfe zu erkennen, die oft nur als Kopf oder als Körperteil dargestellt werden. *Sadewa* und sein Knecht *Semar* sind vermutlich von den Bewohnern des Gartens, Geistern und dunklen Mächten des *Setra Ganda-*

mayu, die als unvollkommene Wesen ohne Körper herumschweben, gebunden worden, weil sie sich ebenfalls die Erlösung ihrer gequälten Seelen erhoffen und er sie aber nicht lossprechen kann. Eine andere Erklärung wäre, sie haben *Sadewa* und seinen Knecht *Semar* an den *Kapok*-Baum gebunden und belästigen ihn, damit er *Dewi Uma*, alias *Bathari Durga* nicht helfen kann, weil sie die Göttin hier halten wollen. Im Kapok-Baum sitzen zwei Eulen als Zeichen eines mystischen und geheimnisvollen, dunklen Ortes.

Eine wütende *Dewi Uma* als *Durga Ra Nini* oder *Bathari Durga*, mit hässlichen, herunterbaumelnden Brüsten und mit ihrem Schwert sich drohend an den vor ihr gefesselten *Sadewa* wendend, nicht um ihn zu bitten, sondern zu drohen, falls er sie nicht erlöst, ihn zu töten. Mit erhobener Faust ermahnt sie ihn, sie doch endlich von dem Fluch ihres Gatten zu reinigen und zu befreien.

Hinter *Sadewa* kauert sein Diener *Semar*, die Frauen links von *Dewi Uma* sind vermutlich die ebenfalls in Riesen verwandelte *Kalanjaya* und *Kalantaka*

Tafel III. Befreit von bösen Geistern spiegelt sich eine geordnete und reine Welt in diesem Relief. Bei einem Vergleich mit Tafel I wird deutlich, dass es sich um denselben Garten handelt, Bäume und Häuser sind dieselben, auch der Weihrauchbrenner ganz linksstehend, fehlt nicht. Die Eulen im Baum über *Sadewa* sind nicht mehr zu sehen, Ungemach ist damit zerstoben. *Dewi Uma*, vom Fluch befreit, ist hübsch zurecht gemacht, ihre Brüste wieder wohlgeformt. Hinter ihr stehen, wie sie ebenfalls erhöht, ihre Begleiterinnen, auch sie wieder verwandelt. Sie dankt dem *Pandava* Sohn für die Befreiung, dahinter Knecht *Semar*.
Foto: Inge und Fritz (Germany 2015).

als Riesenfrauen mit herunterhängenden, abstoßenden Brüsten. Der Garten *Setra Gandamayu*, der sonst ein paradiesischer Ort ist, wurde von den unheimlichen Geistern besetzt und damit zu einem Ort der Dunkelheit. Alle sind befleckt und unrein und nur *Sadewa* vermag das zu ändern, weshalb er auf der zweiten und folgenden Tafel göttliche Hilfe erfleht.

In seiner Verzweiflung und vielleicht auch die Wut und Rache der *Bathari Durga* fürchtend, blieb *Sadewa* nur den Weg Gott zu suchen, der ihm in dieser Situation gegen eine Göttin Hilfe zuteilwerden lassen konnte (Tafel 2). Die Gottheit *Sang Hyang Guru*, rechts auf dem Relief und auf einem Stein, der als Sockel dient, erhöht stehend, geschmückt mit einem außergewöhnlich kunstvoll gelegtem Kopf- und Haarputz und mit einer spitz zulaufenden *Makuta* auf der Frisur als göttliches Attribut und Zeichen.

Er stieg vom Himmel herab, weil er um die Gefährlichkeit *Bathari Durga* weiß und um *Sadewa* zu helfen, um ihn auch vor dem Tod zu bewahren. Des Gottes Knecht kniet hinter ihm, er heißt in der Bali Mythologie *Werdah*. Beide Diener halten aus Ehrfurcht ihre Augen geschlossen, wagen nicht die Gottheit auch nur anzublinzeln. Während *Sadewa* doch erwartungsvoll zu *Sang Hyang Guru* aufblickt.

Tafel IV. Die Szene spielt vor dem überdachten Eingang der Einfriedung des Hauses des *Tambapetra*. *Sadewa/Sudamala* wird erst sicher nach der Absprache in das Innere eintreten. Andere Auslegungen sehen die Hochzeit als Belohnung für die Reinwaschung der *Dewi Uma* und nicht die Heilung des blinden *Tambapetra*. Links aufrecht *Sadewa/Sudamala* und sein Knecht, davor junge Frauen, dann der blinde Vater. Foto: Inge und Fritz (Germany 2015)

Tafel 3. Wie es auch immer gelang Durga Ra Nini, auch Bathari Durga genannt, friedlich zu stimmen, wobei sie in ihrer göttlichen Lebensform als Dewi Uma, beziehungsweise Sri Uma – die schöne Uma – und als Gattin Shivas ein göttliches Dasein genoss, um endlich wieder hier in dem paradiesischen Garten Setra Gandamayu, der von allen bösen Geistern und Eulen nun befreit, ihr 'Gottsein' zu leben. Sadewa kniet vor ihr, als wolle er ihr die frohe Botschaft ihrer Wandlung, vielleicht auch ihrer Reinwaschung selbst überbringen, hinter ihm kniet sein Knecht Semar, der sicher im Kampf auch sein Waffenträger war.

Nicht ganz deutlich zu erkennen und zu erklären sind die beiden schönen Frauen links neben oder hinter Sri Uma stehend. Vielleicht sind es nun die rückverwandelten Riesen oder Riesenfrauen der Tafel [1]. Alle drei Figuren stehen erhöht auf einen Podest aus Stein, um ihre Würde und Ehre, die man ihnen entgegenbringt, zu unterstreichen, was bei Dewi Uma als einer Göttin zu verstehen ist.

Andere Auslegungen sehen in dieser Tafel den Anfang der Sudamala Erzählungen und sehen Kunti, die Mutter Sadewas, vor ihrem knienden Sohn stehend, um ihn um Reinigung und damit um Befreiung von dem göttlichen Fluch für Dewi Uma/Bathari Durga zu bitten.

Im Epos wird Sadewa, nach der Rettung der Göttin von nun an als Sohn der Dewi Uma (Sri Uma) gesehen, der auch den geänderten Namen "Sudamala" ab diesemZeitpunkt trägt. Dewi Uma hatte ihn aus Dank über seine Wohltat und Rettung als Sohn angenommen.

Wie schon angedeutet könnten die beiden links abgebildeten Frauen, die verwandelten einstigen Riesensklaven (Vidyadari) sein. Aber nicht auszuschließen ist ebenfalls, dass Kunti, die leibliche Mutter des Sadewa, die in dem Garten als Büßerin lebte, nun ebenfalls erlöst wurde und sich hier nun zeigt.

Das vierte Relief erzählt eine weitere Episode aus dem Sudamala-Epos. Sadewa trifft auf den blinden Tambapetra, den er ebenfalls von seinem Leiden erlöst und seine Blindheit heilt, er wird wieder sehend. Das Relief zeigt dabei links Sudamala/Sadewa und hinter ihm seinen Knecht Semar. Ihm gegenüber steht Tambapetra, der in Begleitung seiner beiden Töchter ist. Er möchte seine Tochter Dewi Pradhapa, auch Ni Padapa genannt, Sadewa/Sudamala aus Dankbarkeit ihn von der Blindheit erlöste, zur Frau geben. Die zweite Schwester Ni Soka soll Semar, Sadewas/Sudamalas Knecht zur Frau gegeben werden, was jedoch eine nicht standesgemäße Hochzeit wäre und im Text des Kidung Sudamala nicht eingeflossen ist.

Die fünfte Steintafel dieser Gruppe berichtet vom Kampf und Sieg über die Riesen oder Dämonen Kalañjaya oder Kalantaka.

Es war *Bhima* vorbehalten, der als Held und großer Krieger in verschieden anderen Darstellungen und Reliefs des *Candi Sukuh* der *Pandavas* und einer der älteren Brüder der Zwillinge *Sadewa* und *Nakula*, die Dämonen zu

Tafel V. *Bhima* hebt mit großer Kraft den Riesen und bohrt seinen Nagel tief in ihn, um ihn damit zu töten. Hinter *Bhima* steht sein Diener und Knecht als Waffenträger mit einem Pfeil oder Kurzspeer in der Rechten, während er links einen Rundschild trägt. Foto: Inge und Fritz (Germany 2015).

besiegen, die beide sich nach der Erzählung als Diener der *Bathari Durga* auf einem Friedhof aufhielten.

Mit der linken Hand hebt Bhima den mächtigen Körper des *Kalantaka* oder des *Kalanjaya* mühelos an seinem Gürtel empor und tötet ihn dann mit seiner besonderen Waffe, einem Nagel, der *pancanaka* heißt und auf dem Bild in oder an der rechten Hand am Daumen zu erkennen ist. Der Künstler hat den linken Arm *Bhimas* sehr kräftig dargestellt, um die Kraft zu verdeutlichen, die nötig war, den Riesen hoch zu wuchten.

Warum die Tafel [VI] an einem anderen Ort aufgestellt ist, würde sich sicher klären lassen, wenn die ursprüngliche Anlage zu rekonstruieren wäre. So sind sie getrennt, jedoch der Inhalt gehört zweifellos zusammen. Diese Tafel wurde bereits im Kapitel 'Die nördliche Plattform der dritten Terrasse' behandelt (vergl. Abb. 19).

Tafel VI. Diese Tafel findet sich nicht in dieser Reihe, sondern auf der nördlichen Plattform. Nimmt man die Erzählungen des *Kidung Sutamala* mit Tafel V als eine Geschichte, dann könnte auf Tafel V auch *Sadewa* dargestellt sein, wenn er da den ersten der Riesen tötet und hier auf Tafel VI den zweiten, allerdings besaß nur sein älterer Bruder *Bhima* diesen Nagel, der *Pancanagra* heißt, mit dem er einen der Riesen tötete. Das lässt sich von den Reliefs her sonst nur an der Tracht, insbesondere des Kopfschmuckes erkennen. Auf diesem Relief unterhalten sich die Zwillinge und im Hintergrund werkeln ihre Diener, während davor der zweite tote Riese liegt. Es könnte sich ebenso alles vor dem Garten *Setra Gandamayu* abspielen. Hinter der großen Mauer ist wieder eine soziale schon fast paradiesische Ordnung zu erkennen, Häuser, in denen Menschen friedlich leben und arbeiten mit Tauben auf den Dächern als ein Zeichen für Frieden. Möglicherweise will diese Szene auch einen Neubeginn nach der Befreiung der *Dewi Uma* und dem Töten der Riesen darstellen.
Foto: Inge und Fritz (Germany 2015).

Candi Ceto, ein wieder besuchtes Fruchtbarkeitsheiligtum?

Die Berghänge an der nordwestlichen Seite des gewaltigen, heute schlafenden Vulkans *Lawu*, wurden ein Ort letzten Aufbäumen eines mit lokalen tantrischen Formen sich zeigenden Reinigungs- und Fruchtbarkeitskultes und seiner eigenartigen Tempel, die als Pyramidenstümpfe erbaut wurden. Eine durch Fruchtbarkeit und bestimmte sexuelle tantrische Auslegungen getragene Befreiung der menschlichen Seele und des gesamten menschlichen Seins, die ebenso eine Reinwaschung von Verstorbenen einbezog, sollte eine Errettung des Menschen einleiten und ihm Seligkeit für sein jetziges und sein Leben nach dem Tod erbringen. Elemente des Hinduglaubens und der *Buddha* Verehrung waren fester Bestandteil, *Shiva*, *Vishnu* und auch *Buddha* blieben teilhaftig, aber ein umfassender javanischer Spirit brachte eine neue Periode an die Hänge des Berges *Lawu*.
Bevor der Islam ganz Java einnahm, vollzog sich mit dem Niedergang der *Majapahit*-Gesellschaft - zumindest in einigen abgelegenen Gegenden wie an den westlichen Hängen des alten Vulkans *Lawu* - ein Wandel der Religion. Diesem Wandel war keine lange zeitliche Dauer beschert. Dabei ist nicht von einer grundsätzlichen Abkehr von der alten Religion auszugehen, die sich in der Zeit der schwächelnden und maroden *Majapahit* Herrschaft sowohl auf hinduistische als auch buddhistische Grundelemente begründete, eher war es eine Ergänzung durch eigene, einst gelebte und gefeierte animistische Urformen, die bereits in Vorzeiten gebräuchlich waren. Diese sind im Einzelnen bruchstückhaft in Fruchtbarkeitsritualen und Reinigungszeremonien erkennbar.
Große Bedeutung erlangte der Stand der Ritter und die Krieger und Helden des großen Epos *Mahabaratha*, in dem die *Pandava* Brüder agieren, von denen *Bhima*, der älteste der Brüder hervorzuheben ist. Er spielte als Inkarnation oder Stellvertreter großer *Hindu* Gottheiten eine führende Rolle bei den Riten einer reinen Wiedergeburt und Befreiung von eigenen Sünden sowie der Reinigung der Seelen der Ahnen durch feierliche Zeremonien zur Fruchtbarkeit und Waschungen mit geheiligtem Wasser, dem *amrta*. Auslegungen bleiben schwierig von so vielem was sich hier vorstellt, trotzdem wird ein Besuch der beiden Heiligtümer *Sukuh* und *Ceto* aus dem 15. Jahrhundert von Faszination getragen.
Der Name des Tempels *Ceto* leitet sich von dem Wort 'ceta' ab, was 'klar und rein' bedeutet. Gemeint ist alles was man von dem Tempel aus bei klarem Wetter sehen kann, den Himmel und die Höhen das *Lawu*, westlich von ihm die Vulkane *Merbabu* und *Merapie* und nördlich die *Dieng*-Vulkane *Sundoro* und *Sumbing*. Er selbst liegt nur wenige Kilometer nordöstlich des *Sukuh* Tempels und ist wie dieser gut mit dem Auto durch eine malerisch-schroffe Bergwelt mit Teegärten zu erreichen. Er liegt mehr als 500 Meter über dem *Sukuh* auf etwa 1500 Metern und wurde erst im Jahr 1468 erbaut,

Abb. 1. Auf der Treppe zum Innern des Terrassenheiligtums sind hinduistische Besucher aus Bali an ihrer traditionellen Kleidung zu erkennen. Die mehr oder weniger großen Gruppen werden in speziellen Kleinbussen für Bergregionen bis vor die Anlage gebracht. Oft kommen mehrere Gruppen an einem Tag aus verschiedenen Regionen Balis. Hinter dem Aufgang ist auf der Aufnahme das moderne gespaltene Tor zu sehen.
Foto: R. Weber 2017.

wie aus einer Inschrift hervorgeht. Weitere Nachrichten liegen aus den Jahren 1472 und 1475 vor.

Hatte der ältere Ort *Sukuh* drei Terrassen, so waren es beim jüngeren *Ceto* deren 14, von denen heute noch neun erhalten sind, die im Rahmen einer Renovierung um das Jahr 1970 Besuchern wieder zugänglich gemacht wurden. Es wurden Holzpavillons (*Pendebos*) mit Naturbedachung erstellt, allerdings ohne die ursprüngliche Bausubstanzen einzubeziehen, was zu einer falschen Vorstellung der ursprünglichen Anlage beiträgt. Auch zeigen die ersten Terrassenbauten am Eingang jeweils ein hohes sogenanntes 'Gespal-

Abb. 2. Vielleicht sind der Aufgang und das gespaltene Tor zur vierten Terrasse als Eingangsportal der Pilger und Wallfahrenden anzusehen, sie wurden deshalb hier original nachgebaut. Die Figur eines „Höflings", wenn man ihn so nennen will, war zuvor sicher nicht hier postiert, sondern wohl eher ein waffentragender *Dwarapalas,* ein Torwächter!
Foto: R. Weber 2017

Abb. 3. Ein kniender Besucher, der mit seiner Rechten ein Messer hält und streng blickt. Da er keinen Schmuck trägt, keinen Schurz und Gürtel, keinen Helm auf dem Kopf hat, ist er sicher nicht der Kriegerkaste zuzurechnen. Bis auf einen Armreif und ein kleineres Ohrgehänge, das als Symbol des *Majapahit*-Reiches einen Sternenkranz und in der Mitte die Sonne trägt, besitzt er nur sein Messer.
Foto: R. Weber 2017.

tenes Tor'. Die Tore wurden im Rahmen der Renovierung erstellt und haben mit dem ursprünglichen Terrassenbau nichts zu tun. Heute werden bei vielen Tempeln in Bali diese charakteristisch gewordenen Tore als Tempeleingänge gebaut. Bei allem guten Willen, der hinter der Renovierung stand, wurde auf archäologischen Gegebenheiten wenig Rücksicht genommen und der Urzustand kaum beachtet, so dass es schwierig ist, fundierte Aussagen über den vorzeitigen Zustand zu treffen.

Die bedeutenden Terrassenreste, die sich nur wenig entfernt im Abstand von etwa 100 Metern in Richtung des *Lawu* Gipfels befinden und unterhalb der Oberfläche des Plateaus liegen, wurden als Steinwälle und Terrassen erkannt. Sie waren nicht in die Renovierung mit einbezogen, Änderungen wurden – soweit erkennbar – nicht vorgenommen. Die größte der zehn Terrassen zählenden Anlage, die von den Ein-heimischen 'Hargo Dalem' genannt wird, umfasst eine Größe von etwa 100 x 200 Metern. Die weiteren kleineren Terrassen steigen und schließen sich nach oben an, wobei Steinwälle erkennbar als Umwallung und Sicherung dienen. Bisher sind keine wissenschaftlichen Veröffentlichungen zu den Objekten bekannt und man darf gespannt sein, was Grabungen ans Tageslicht fördern und ob Fundstücke weiterhelfen, die Rätsel, um *Sukuh* und *Ceto* zu lösen.

Es ist bisher nicht gelungen auch nur annähernd eine Datierung der Anfänge dieses Terrassensystems festzusetzen. Die einfache Bauweise deutet auf eine Zeit vor der Übernahme indischer Kulturelemente, also etwa um die

Zeitenwende oder noch davor, umfassend indisch geprägte Elemente finden sich nicht. Ähnlich wie bei den Erdfundamenten und dem Erdkern des *Borobudur* vermutet man eine prähistorische Terrassenanlage, die kultischen Zwecken gedient haben könnte.

Auch das Heiligtum auf der höchsten Terrasse wurde renoviert, es ist dem des *Sukuh* ähnlich und ebenfalls ein Pyramidenstumpf. Daneben wurden Mauern und Aufgänge neu gesetzt, zusätzlich Statuen und weitere archäologische Nachlässe geordnet. Ob *Ceto* in der Zeit seiner Nutzung durch Gläubige und Pilger ebenfalls ein *thirtha*, ein Badeplatz war, wie der berühmte *thirtha empul* in Bali, der noch heute besucht wird, ist augenblicklich nicht zu beantworten. Die wenigen Hinterlassenschaften, die gefunden wurden, können kaum Hinweise für die abgelaufenen Zeremonien liefern und erhöhen die Rätselhaftigkeit des *Ceto*. Schließt man jedoch die Steinbilder zum *Kidung Sudamala* mit ein, dürfte *Ceto* ebenfalls als ein Badeplatz zur Reinigung und Erneuerung besucht worden sein.

Nach der Renovierung des Jahres 1970 nutzte eine Gruppe von lokalen Politikern den Platz als Meditationsort. Sie glaubten, dass von ihm übernatürliche Kräfte ausgehen würden, weil diese ihm innewohnen. Das löste eine Besucherwelle Einheimischer aus, die immer noch Opferungen an diversen Schreinen niederlegen und den stillen, abgeschiedenen Ort zur Meditation besuchen. Am javanischen Neujahrsfest sollen etwa 2000 Besucher kommen. Die Behörden dulden solche Veranstaltungen aus Gründen der Tradition.

Jüngst sind verstärkt Hindugläubige aus Bali am Ceto zu sehen, die zu dieser Anlage wallfahren, Zeremonien abhalten und vor einzelnen Statuen und am Lingam Gebete sprechen, was die Frage nach einer Wiederbelebung und Wiederentdeckung des Ceto als balinesisch-hinduistische Wallfahrtsstätte aufwirft. Oftmals sind mehr Besucher aus Bali in dem Heiligtum anzutreffen als lokale Besucher, von westlichen Touristen ganz abgesehen.

Die Wallfahrer oder Pilger aus Bali bringen ihre Devotionalien mit, die sie für Gebet und Andacht benötigen, etwa geheiligtes Wasser oder kleinere Gaben wie Räucherwerk, Obst und Gebäck für eine Opferung. Nicht selten legen sie kleinere Geldscheine in die quadratischen Opferschälchen aus geflochtenem Schilf, die der Pedell nach der Andacht schnell in seinen Taschen verschwinden lässt. Vielleicht wollte man mit der Renovierung im Jahr 1970 eher ein hindun-balinesisches Heiligtums wiederbeleben und dachte dabei weniger an die Erhaltung eines historisch bedeutenden Ortes. Die jüngsten Besucherzahlen sind ein Beleg dafür. Auf der ersten Stufe kniet eine ähnliche Figur, sie betet zwar nicht, scheint aber auch in sich versunken zu sein. *Dwarapalas*, also Tor- oder Wegwächter, dürften beide nicht sein, sie tragen keine Bewaffnung. Bei den beiden Knieenden und auch bei weiteren Statuen fällt der entspannte Gesichtsausdruck auf, der auf der Kunstfertigkeit des Steinmetzes beruht, der mit einer um den Mund gezogenen feinen Linie diese Wirkung erreicht. Eine künstlerische Arbeit, die am *Ceto* sonst nicht zu beobachten ist.

Die Figur zeigt kaum Ähnlichkeit mit Statuen des *Sukuh* Tempels, der nur wenig älter ist. Die Nase ist sehr breit und beide Augen treten hervor. Sie sind mit einem kleinen Kranz umgeben, der sie noch wuchtiger erscheinen lässt. Bei den Statuen des *Ceto* wird das Gebiss nicht betont, der Mund ist artig geschlossen, der Bart nur angedeutet und der Schnurrbart verzichtet auf Einzelheiten. Auf dem Kopf sitzt eine einfache Kopfbedeckung, möglicherweise sollen auch nur Haare angedeutet werden.

Die Frage nach dem "Woher" muss erlaubt sein. Eine unmittelbare Verbindung zum Heiligtum *Ceto* ist nicht zu erkennen und vergleichbare Charakteristika zum *Sukuh* ebenso wenig.

Zu den hier vorgestellten Statuen kommen auf der achten Terrasse noch zwei weitere hinzu, die ebenfalls auf Personen schließen lassen, die nicht aus der Kriegerkaste kommen, sondern eher zu den Beratern oder Beamten des Hofes zu rechnen sind. Wer oder was sie waren, kann nicht mehr festgestellt werden, doch es ist anzunehmen, dass sie bedeutende Männer waren, die eine tragende Rolle im Reich innehatten.

Über einen weiteren Treppenaufgang erreicht der Besucher nun die vierte Terrasse. Lobenswert ist, dass das alte gespaltene Tor mit den vorhandenen Materialien wieder erstellt wurde. Morgennebel verdecken beim Aufstieg den Blick zum dahinter sich auftürmenden Vulkan *Lawu*.

Die auf den Boden gesetzten *Yoni/Lingam* (Abb. 4) Steinstrukturen der vierten Terrasse bilden die Komposition eines umfassenden Steinbildnisses, das gleich mehrere Symbole enthält und dem Pilger Rätsel aufgibt. Ein Symbol ist das genannt *Yoni/Lingam* Element, dann folgt zum Treppenaufgang das Symbol des Adlers, auf dem eine Schildkröte ruht und mehrere kreisförmige *Majapahit*-Wappen der *Surya*, des Symbols der Sonne in einem Sternenkranz.

Das erotische *Yoni/Lingam* Element, deutlich als Penis und Vulva zu erkennen, gleicht der weitaus kleineren Darstellung im Durchgang des Eingangstores des Sukuh. Es steht zweifelsfrei für Fruchtbarkeit, aber auch für ein verändertes sexuelles Verhalten. Die realistische Darstellung zeigt deutlich eine neue Offenheit in der Sexualität, die das Kernelement der Fruchtbarkeit ist. Sexualität war in der Epoche davor für viele ein *Tabu*, ein bewusst verschlossener Lebensinhalt, der versteckt und verheimlicht wurde, auch als schmutzig angesehen und mit Verachtung belegt war. Die Abkehr von der nun als falsch empfundenen Vornehmheit, vom Verstecken, sollte zu einer Sexualität führen, über die gesprochen wurde und die für die Gläubigen nicht mehr verächtlich war.

Mit der Wiederbelebung alter Fruchtbarkeitsideale der Ahnenwelt kam es zu einem fundamentalen Umdenken, schlummernde Urkräfte erwachten und wurden wiederentdeckt. Die Darstellungen *Lingam/Yoni* wurden den Gläubigen als Symbol dieser wieder erkannten Kräfte vorgeführt. Dabei sollte dem

Abb. 4. Vergleicht man auf dem Bild das an der *Yoni* anliegende Teil des Lingams mit der Abb. 5 des Artikels über den *Sukuh*, erkennt man unschwer die Übereinstimmung dieses Endteiles mit dem Lingam am *Sukuh*.: Ein nach Außen abgeschnittener östlicher Ansatz, der seitlich ausläuft, fehlt. Würde man das *Lingam* um 180° drehen und die Spitze leicht in die Einkerbung der symbolischen *Yoni* legen, dürften es ermöglichen die symbolische Glans exakt einzupassen. Dies ließe sich bei einer Restaurierung leicht beheben.
Foto: R. Weber 2017.

Lingam als dem männlichen Teil mehr Aufmerksamkeit gelten, während *Yoni* weniger ein weiblicher Gegenpart war und verstärkt der Betonung des männlichen Elements diente.

Die Steine und Figuren auf dem *Yoni/Lingam* Symbol sind durch stetiges Überschreiten abgetreten. Offenbar mussten die Pilger und Gläubigen über diese Figur gehen, wenn sie das Heiligtum betraten. Vielleicht sollten sie dadurch seine Energien bereits verinnerlichen.

Dieses übergroße *Lingam/Yoni* Symbol auf dem Terrassengrund, das nach Westen ausgerichtet ist, ist Teil eines Gesamtbildes, was eine symbolische Weltordnung darstellt. Ähnlich wie bei einzelnen Statuen und *Lingams* des *Sukuh* sind am westlichen Ende des *Lingams* kugelige Anhänge oder Ausbuchtungen zu sehen, die der Lusterhöhung des weiblichen Partners beim Geschlechtsverkehr dienen sollten.

Merkwürdig ist, dass die Spitze des sehr realistisch dargestellten phallischen *Lingams* nicht zur oder in die *yoni* zeigt, sie ist hier als ein Dreieck vor das Bildnis Adler-Schildkröte gesetzt, vielmehr wurde das *Lingam* umgekehrt positioniert, ist also falsch gesetzt. Es kann sich dabei um einen Irrtum bei der Restauration handeln, eine solche umgekehrte Lage wurde jedenfalls bisher nicht gefunden. An der äußersten westlichen Spitze der *Yoni* ist deutlich eine eingehauene Rundkerbung zu erkennen, in welcher die Spitze des *Lingams* wohl ursprünglich eingesetzt war.

In der nachstehenden Bleistiftskizze der Abbildung 4a ist die Lage richtig dargestellt, auch wenn die Perspektiven das Bild verzerrt wiedergeben sind, der *Lingam* wurde dabei um 180° gedreht. Vergleicht man diese Struktur mit der weitaus kleineren aus dem Stein geschlagen Skulptur im Eingang des Sukuh, stimmt sie mit jener überein.

Abb. 4a. Das Lingam ist nun um 180° gedreht.
Bleistiftzeichnung Timo Christ, Michelbach, Hunsrück, 2017.

Möglicherweise begann auf der vierten Plattform der geheiligte Bezirk, von dem aus, Gläubige und Pilger, erst nach einer kurzen andächtigen Zeremonie, einem Gedenken, weitere Terrassen betreten durften. Sie schritten über das Symbol von *Lingam* und *Yoni*, ganz so, wie beim Betreten des *Sukuh* die eingemeisselte *Lingam/Yoni* Struktur überschritten werden musste, um ins Innere des Heiligtums zu gelangen. Das Überschreiten des Symbols war eine Art Vorreinigung für die Teilnahme an den folgenden Zeremonien. Doch liegen hierzu keine Erkenntnisse vor.

Auf der *Yoni* (Abb. 5) sind Wasserlebewesen wie Krabben, Fische und Frösche sowie ein Naga-Schlange und eine Echse zu erkennen. Ihre Bedeutung ist rätselhaft, denn ein unmittelbarer Bezug zur Fruchtbarkeit ist nicht auszumachen.

Dieses umfangreiche Symbol beim *Ceto*, das auf dem Pilgerpfad aufliegt, ist mit weiteren wichtigen Elementen ausgeschmückt und erweitert. Der alles überragende Adler dürfte *Garuda* sein, die Schildkröte, die er trägt oder transportiert, verkörpert die Trägerin des Erdenrundes der unteren Erde.

Abb. 5. Eine Gesamtsicht von der fünften Terrasse auf die vierte, auf der die Komposition „Schildkröte auf Adler" ruht und dem davor liegende *Lingam* mit *yoni* zu erkennen ist. Vermutlich musste der Pilger über diese aus Stein gelegten Abbildungen zur nächsten Terrasse schreiten, um den Tempel der neunten Terrasse zu erreichen. Foto: R. Weber 2017.

Meist wurden Schildkröten so aufgestellt, dass sie zur Ablage der Opfergaben der Pilger dienten. Dies trifft jedoch hier nicht zu, denn ein Stück weiter auf dem Weg findet sich eine weitere Schildkröte, deren Buckel zum Ablegen von Opfern abgeflacht wurde. Zusätzlich sind runde Embleme der *Majapahit* in den Mittelpunkt gerückt, um deren weltlichen Machtanspruch hervorzuheben. Es sind die Steine mit der siebenstrahligen Sonne, die gleich dreimal angelegt wurden, ein einzelner Strahl des Sternes besteht aus einem gleichschenkligen Dreieck, die Mitte bildet der Sonnenkreis.

Die Figur der *Lingam/Yoni* Einheit ist breitflächig mit dem aus behauenen Steinen auf den Boden gelegten, stumpfflügeligen, heute kopflosen und kurzschwänzigem Vogel verbunden. Das Adlerbildnis, das symbolisch für den Himmelsboten *Garuda* steht, der in der Epoche des *Majapahit* ein höchst verehrter und gefeierter Gott zur Beschaffung des *amrta* war, des geheiligten Wassers der Reinigungszeremonien, was in *Ceto* und *Sukuh* bei den Gläubigen höchste Anerkennung fand. Wie die *Lingam/Yoni* Einheit ist die Adlerfigur nach Westen ausgerichtet und gut erhalten. Das gesamte

Symbol erinnert an die Darstellungen des Gottes *Vishnu*, wie er *Garuda* als sein Himmelsfahrzeug an sich gebunden hat. Eine außergewöhnliche Darstellung dieser beiden Gottheiten, *Garuda* trägt *Vishnu* durch den Himmel.
Links und rechts der kurzen Adlerflügel sind rechteckige, kastenförmige Steingebilde von etwa 2m x 1,30m aufgesetzt, deren Bedeutung nicht bekannt ist. Vielleicht waren es in der Blütezeit des Tempels Ablagen für Opfer oder Geschenke der Wallfahrenden. Als Badeplatz wären sie ebenfalls denkbar, es finden sich aber dafür keine Anzeichen beim *Ceto*, dass er als Badeplatz gedient hat, wie etwa der *Sukuh*. An der Stützmauer der fünften Terrassenstufe stehen zwei größere rechteckige Steinsetzungen, die im Innern mit Grund gefüllt sind.
Befanden sich auf diesen Fundamenten einst *Pendebos*, einfache, nach den Seiten offene überdachte Sitzflächen, auf denen sich die Pilger und Gläubigen zur Andacht versammelten? In einigen Tempeln in Bali ist das bis heute zu sehen. Bei der Renovierung wurden auf den weiteren Terrassen neuere *Pendebos* als überdachte Sitzgelegenheit für Wallfahrer und Pilger aus dem

Abb. 6. Nur bei genauer Betrachtung sind die Tiere auf der *Yoni* auszumachen. In der Mitte ist ein gekrönter *Naga* oder eine Schlange zu sehen, jene mythische Wasserschlange, die bei den Reisbauern eine große Verehrung genoss. Davor, soweit erkennbar, tummeln sich Frösche, darunter eine Krabbe. Am rechten unteren Rand des Bildes ist ein *Waran* zu erkennen und am oberen Bildrand, fast in der Ecke des Dreieckes, ein Grundfisch. Alle diese Kreaturen sind Bewohner der Reisfelder und sind Teil des Ablaufs von Wachsen und Werden in den *Sawahs* [Nassreisfelder].
(Im Vergleich zu älteren Fotos, auf denen die abgebildeten Tiere noch sehr gut zu erkennen waren, sind mittlerweile merkliche Abnutzungen durch Umwelteinflüsse festzustellen, was die Qualität sehr schmälert).
Foto: R. Weber 2017.

hinduistischen Bali gebaut, doch kann daraus nicht geschlossen werden, dass es in der Altanlage ebenso war.

Vor dem Aufgang zur nächsten Terrasse wurden beidseitig des Wegs zwei Statuen aufgestellt, die vermutlich hier zuvor nicht standen. Leider kann man als Besucher wegen der Absperrungen nicht näher an die Statuen herantreten, was eine genaue Betrachtung und Auslegung damit erschwert. Soweit erkennbar ist die rechte Figur, die mit untergeschlagenen Beinen im

Abb. 7. Die *Pandavas* bereden untereinander, wie sie ihre Eltern aus der Verdammnis erretten können. Vermutlich steht rechts *Bhima*, der seinen Zwillingsbrüdern *Nakula* (links) und *Sadewa* (Mitte) mit einem Diener erklärt, dass ohne göttlichen Beistand kein *amrta* zu haben ist und ohne das heilige Wasser die Eltern und ihre gefallenen Seelen nicht aus der Hölle befreit werden können. Foto: R. Weber 2017.

„Schneidersitz" aufrecht sitzt, als Ratgeber oder Höfling anzusehen. Das Gesicht ist leider stark zerstört. Auf der anderen Seite sitzt ebenso mit untergeschlagenen Beinen aufrecht in voller Kleidung der *Majapahit*-Zeit ein höhergestellter Würdenträger, dessen Funktion sich erahnen lässt. Ursprünglich stand auch diese Statue nicht an diesem Platz.

Nach dem weiteren Aufstieg findet sich der Betrachter unverhofft vor einigen Reliefs, die links zu einem Karree wahllos zusammengesetzt wurden und unschwer Bilder und Szenen aus dem *Sudamala* Epos und dem *Garudaya* wiedergeben. Die einzelnen Figuren erinnern sehr an den kleinen Turm für Opfergaben im *Sukuh*, sie sind im gleichen künstlerischen Stil geschaffen und etwa 40 cm hoch. Wo sie ursprünglich angebracht waren, kann nicht mehr festgestellt werden, vielleicht befanden sie sich in einem kleinen Opfer- oder Gedenkturm, der heute nicht mehr vorhanden ist.

Der an dieser Stelle vorgestellte Reliefausschnitt soll beispielhaft für weitere Abbildungen stehen, die hier in einem Rechteck aufgestellt wurden, aber nicht in einen Zusammenhang gestellt werden können. Es ist nicht wie beim Sukuh eine zusammenhängende Szene aus dem *Sudamala* Epos dargestellt und auch zu erkennen, durch das ungeordnete Aufsetzen ging der Zu-

Abb. 8. *Bhima* kniet, wobei das linke Bein nach hinten abgewinkelt und der rechte Fuß aufgesetzt ist. Seine Scherbe wird teilweise von seiner mächtigen linken Hand bedeckt und an der *pancaka* erkennbar ist. Vor dem linken herabhängenden Arm ist ein unbekannter Gegenstand, vielleicht eine Waffe, zu erkennen. Der Kopf ist entfernt worden.
Foto: R. Weber 2017.

sammenhang verloren. Teilweise haben die Reliefs auch unter dem ständigen Regen gelitten.

Von dieser fünften Terrasse mit den Reliefs erreicht man die sechste über eine restaurierte Treppe, in die in eine neue sehr hohe Stützmauer eingelassen wurde. Auch diese Mauer ist reines Bauobjekt der Restaurierung aus 1970 und ist wohl mehr aus statischen Gründen zur Stützung der dahinter aufgeschütteten Erdmassen notwendig gewesen. Auf dieser Stufe finden sich zwei größere *Pendebos*, die ebenso aus jüngerer Bauzeit stammen.

Am Treppenaufgang stehen zwei weitere Statuen. Die linke stellt den *Pandava Bhima* mit seinem langen Fingernagel *Pancaka* dar, mit dem er nach dem *Sudamala* Text einen der Riesen getötet hat, die in der Schlacht gegen die *Pandavas* gekämpft hatten. Andere Erzählungen verlegen aber den Kampf und die Tötung des Riesen in die Zeit, als *Bhima* als 'Gottheit' eine entscheidende Rolle bei der Beschaffung des *amrta* spielte, um seine Eltern von ihren Sünden aus der Hölle rein zu waschen. Die Statue zeigt die deutliche Vergrößerung des Daumens zur Waffe *Pancaka*.

Von dieser Stufe führt eine Treppe zur siebten Terrasse, auf der ebenfalls zwei größere *Pendebos* stehen. Eine weitere hohe Treppe steigt zur achten Stufe, auf der kleinere Überdachungen für verschiedene Statuen von Würdenträgern und königlichen Ratgebern sowie mehrere kleinere, teils geschlossene Gebäude aus Holz aufgebaut wurden. Die siebte Stufe bildet mit der unmittelbar angehängten achten fast eine Einheit. Offenbar war aus bautechnischen Gründen eine weitere Stufe notwendig gewesen.

Auf der achten Stufe stehen zwei *punakawan* (Berater des Herrschers), die in die offenen Überdachungen gestellt wurden. Es waren Höflinge, denen eine herausragende Würdigung zu Teil werden sollte. Nach allgemeiner Meinung und im javanischen Puppenspiel wurden *punakawans* auch königliche Diener, die der heiteren Unterhaltung dienten. Hier am *Ceto* standen sie als kenntnisreiche Berater an der Seite des Königs. Diese Nähe zum König wird auch dadurch betont, dass dessen Statue nur wenige Treppenstufen höher auf der neunten Terrasse steht, dort wo der Tempel als Pyramidenstumpf erbaut wurde.

Beide Statuen werden von Besuchern und Pilgern in ihre Zeremonien miteingeschlossen. Sie genießen große Verehrung, wie die abgelegten Opferschälchen und die Menge des Räucherwerkes belegen.

Abb. 9. nebenstehend: **Sabda Palon**. Er war nicht nur ein Berater, sondern zugleich Priester und enger Vertrauter des Königs *Bhre Kêrtabumi*, auch *Brawijaya V.* (1468 – 1478) genannt. Er tat alles, den eindringenden Islam einzudämmen und aufzuhalten, wobei er alles versuchte, seinen König dafür zu gewinnen oder zu beeinflussen. Dieser zog es jedoch vor, dem politischen und religiösen Streit in die Bergeinsamkeit des *Lawu* zu entfliehen.

Vermutlich war *Sabda Palon* in das geheime *Kalachakra Tantra* eingeweiht, das als der letzte und jüngste aller Tantra Texte aus dem 10. Jahrhundert aufkam und bis heute von den tibetischen Lamas als 'Höchstes aller buddhistischen Lehren' angesehen wird. In dem darin dargelegten *Shambhala-Mythos* wird der Kampf gegen das Böse und dabei der Sieg über andere Religionen gefeiert. Es existiert auch jene These, die *Kalachakra-Lehre* als den einen Weg für Hindus und Buddhisten gegen den vordringenden Islam zu sehen.

Sabda Palons Prophezeiungen gipfelten darin, dass er nach 500 Jahren wiederkehren wollte, einmal um die politische Korruption zu beenden, zum anderen um Naturkatastrophen zu verhindern, die, wie er es in seinen Meditationen zu sehen glaubte, besonders die Menschen in *Java* immer wieder heimsuchten. Er sah darin keine Naturereignisse, sondern dämonisches Wirken. Sein ganzes Bestreben galt jedoch einer Erweckung und Vereinigung der hinduistisch-buddhistische Religion, die ganz Java nach dem Sieg über die Fremdreligionen ein friedvolles Zusammenleben aller Stände bringen sollte. Wie zur Bestätigung seiner Prophezeiungen brach prompt der *Semeru*, der höchste Vulkan Javas aus.

Seine Weissagungen basierten teilweise auf den tantrische Lehren des *Kalachakra*, dem 'Rad der Zeit', das auf Überwindung des Bösen der Welt, insbesondere die Abweisung und Vertilgung theokratischer Religionen gerichtet ist und bis zum heutigen Tag in der tibetanischen Geheimlehre (Dalai Lama) eine überragende Rolle spielt, die aber zu einer erheblicher Kritik führte, richtet sie sich doch gegen Buddhas These, Kriege als das letzte

Mittel der Auseinandersetzung gut zu heißen. Aus dieser erklärt sich auch die Prophezeiung seiner Rückkehr nach 500 Jahren, denn im Text des *Kalachakra-Tantra* wird ein grausamer Weltkrieg vorausgesagt, in dem die Anhänger *Buddhas* und die *Mohammeds* (*mlecchas* = Barbaren) sich auf das Grausamste bekriegen werden. Im Original heißt es: *Am Ende der Zeiten wird der Cakravartin* [der Weltenherrscher] *aus der Götterstadt, die auf dem Berge Kailash errichtet wurde, erscheinen… und … der Herr der Götter wird zusammen mit den zwölf Kriegs Lords die Barbaren* [*mlecchas*] *zerstören. Er wird in einer Schlacht mit seiner eigenen aus vier Divisionen bestehenden Armee die Barbaren in allen Teilen des Erdkreises niederwerfen.* (*Shri Kalachakra I*.167/161/159). An anderer Stelle wird von einer 'gnadenlosen' und 'grausamen' buddhistischen Kriegsführung gesprochen. Dort heißt es: *…wilde Krieger werden die barbarische Horde niederwerfen und auslöschen* (*Shri Kalachakra* I. 163/165). Der Text nennt weiter mörderische Superwaffen, welche die buddhistische Armee gegen Feinde einsetzt (*Shri Kalachakra* I. 128 – 142.) Foto: R. Weber 2017.

König *Brawijaya V.* des *Majapahit*-Reiches floh in seiner Regierungszeit von 1468 bis 1478 wegen grausamer Bürgerkriege, aber auch vor dem Streit der Religionen, die das untergehende *Majapahit*-Reich kennzeichneten, an diesen einsamen Ort *Ceto*. Dort befand sich vermutlich bereits eine Wallfahrt- und Gedenkstätte. Er wollte einen Platz in der Abgeschiedenheit, fern dem Lärm der Welt, für seine Meditationen zu seiner Wohnstätte machen, warum er sich an diesen Berghang zurückzog. Ebenso wie sein Berater und Vertrauter *Sabda Palon* sah er in einer Erneuerung der Religion eine wirksame Größe und Kraft gegen das Eindringen fremder Religionen, besonders gegen den aus Arabien eindringenden Islam, der bereits im Jahr 1447 von einem seiner Vorgänger angenommen worden war.
Alles dies geschah als der Islam schon große Teile der Insel *Java* mit Hilfe abtrünniger machthungriger Adliger oder Krieger an sich gerissen hatte und der Religionswechsel unaufhaltsam fortschritt. Auch der Hass, der dem König in diesem grausam geführten Kampf entgegenschlug, ließ ihn zu diesem einsamen Ort fliehen. Er hoffte hier bei einem Treffen der Kriegsgegner auf ein Einlenken in sachlicher Atmosphäre, dies blieb jedoch ein Traum.
Der Stand der Krieger und Ritter war durch all diese Aufruhre verunsichert, sie wollten ihren Schwur dem König gegenüber nicht brechen, deswegen flohen viele der Adligen und Krieger nach *Bali* und gründeten hier Reiche (Mandalas), um nach ihrer Religion weiter leben zu können.
Noch im Jahr 1478, also im Todesjahr des Königs *Brawijaya V.*, wurde in der Gegend von *Bayuwangi* im äußersten Osten Javas und in Sichtweite der Insel *Bali* der Tempel *Pura Blambaya* erbaut, um damit, nun mehr nach einem javanisch geprägte Glauben einer hinduistisch-buddhistisch-javanischen Religion sichtbare Anerkennung zu verleihen. Vielleicht war aber auch die Sicht des Tempels auf das Eiland Bali so auszulegen, dem drohenden Religionswechsel zu entgehen und auf dieser Insel dem alten Glauben weiterhin dienen zu können. Kaum war der Tempel geweiht, überrannte der Islam ganz *Java* bis auf wenige Restgebiete wie das Land des Volksstammes

Abb. 10. BHRE KERTABHUMI (1468 – 1478),
genannt BRAWIJAYA V.
Die Statue steht auf der letzten Terrasse des renovierten *Ceto*-Tempels zusammen mit der seines Beraters *Sabda Palon*, der seinen König nicht nur beriet, sondern versuchte, mäßigend auf ihn einzuwirken und trotz der Bürgerkriege und Religionskämpfe den Hass aus ihm zu verbannen und ein friedliches Miteinander zu erreichen. Beide zogen sich in die Einsamkeit der Bergwelt des Vulkans *Lawu* zurück, um durch Meditation und Gebet, aber auch durch ein aufeinander Zugehen, die Versöhnung der durch Bürgerkrieg entzweiten Bewohner zu erreichen.
Foto: R. Weber 2017.

der *Tengerer* um den Vulkan *Bromo* gelegen. Ihnen gelang es in blutigen und grausamen Verteidigungskämpfen ihren Glauben bis heute zu bewahren.

Auf dieser vorletzten neunten Terrasse befindet sich neben den Statuen des Königs und seiner beiden Berater ein besonderer überdachter Opferplatz, der offensichtlich von einem Teil der Pilger zum Gebet, zur Meditation oder

Abb. 11. Zwei Pilgerinnen mit einem Brahmanen beim Gebet und Opferdarbringung vor dem *Lingam* der nächsten Abbildung. Die Personen stehen dem überdachten und in einen Schrein eingestellten Lingam gegenüber und sind deshalb nicht zusammen von der Kamera zu erfassen. Das Foto wurde verändert, damit die Gesichter nicht zu erkennen sind.
Foto: R. Weber, *Ceto*-Tempel 2017.

von Frauen als Platz eines Dankesopfer für eine lange erwartete Schwangerschaft aufgesucht wird, oder um ein Bittgebet für eine erhoffte Schwangerschaft zu sprechen. Voller Innbrunst beten die balinesischen Frauen, lassen sich durch andere Pilger, javanische Besucher oder westliche Touristen nicht stören. Ist ein Brahmane bei der Zeremonie anwesend, legt er das Opfer in die Schalen und stellt das Räucherwerk auf, wobei er rituelle Gebete spricht, ohne weiter auf die hinter ihm knienden Pilgerinnen zu achten. Danach verlässt er wortlos den Ort und lässt die Betenden in deren Demut allein zurück, die erst nach einer längeren Andacht ihre Zeremonie beenden und zu ihrer Gruppe zurückkehren.

Ob die Pilger aus persönlichen Gründen den geheiligten Ort *Ceto* besuchen, ob es Pilgerreisen von Gruppen oder einer Gemeinde aus Bali mit einem besonderen Bezug zum *Ceto*-Tempel sind, erfährt man nicht. Die Anhänger sprechen nicht offen darüber.

Das abgebildete *Lingam* (Abb. 12.), der ähnlich wie beim *Sukuh*-Tempel die fast naturgetreue Abbildung eines männlichen Gliedes darstellt, kann mehrfach gedeutet werden. Einmal dürfte es als Symbol für Fruchtbarkeit und Sexualität gesehen werden, aber hier weniger als Symbol zur Wandlung des Wassers in reinigendes *amrta*, dem heiligen Wasser. Sexualität und nicht mehr nur Fruchtbarkeit und Reinigung durch *amrta* wurde als Energieträger auf dem Weg zu einer Erneuerung in Form der reinen Wiedergeburt erkannt, war eine Säule des veränderten Glaubens in der Zeit des ausgehenden *Majapahit*-Reiches des 15. Jahrhunderts in Java. Sie erlangte dabei eine ebenso große Bedeutung wie rituelle Reinigungen und Waschungen.

Schon deswegen ist im *Lingam* ein Symbol des *Kalachakra* zu erkennen, das allein der Macht- und Energieaufnahme des Mannes dient. Nach dieser Lehre wird Sexualität mehr als Energiespender für den Mann gesehen. Beispielhaft wird die sexuelle Vereinigung des *Kalachakra*-Zeitgottes mit Frauen (Göttinnen) beziehungsweise niedrig gestellten Partnerinnen in Bildern des tibetanischen Buddhismus dargestellt, um dabei die einseitig zum Mann fließenden Energien deutlich zu zeigen. Die sexuelle Vereinigung verschafft dem männlichen Teil innere Kraft und Energien, um beim letzten Kampf die Oberhand zu behalten, wobei auf dem Bild der tibetanischen Lehre auch futuristische Waffen für den im *Shri Kalachakra* prophezeiten Kampf gezeigt werden.

In höchst geheimen Einweisungen des *Kalachakra-Tantra* finden unter Androhung schlimmer Höllenstrafen für den auserwählten Schüler sexuelle und sexualmagische Riten ihren Raum, die dann zu kämpferischen und zornigen Einstellungen der Teilnehmer führen oder führen sollen. Sex und Sexualität wird sich selbst entfremdet, sie wird zu einer boshaften Macht und Energie gewandelt. Dabei werden Frauen sowohl als individuelle Geschöpfe aber auch als imaginäre Wesen zu der sexuellen Begegnung ausersehen. Äußerst wichtig dabei ist dabei das Alter der Frauen, das bei dem erhofften Energiestrom eine wesentliche Rolle spielt. Nur bei einem Alter ab 10 Jahren

Abb. 12. Das *Lingam* ist in einen Steinquader eingelassen, um einen sicheren Stand zu haben. Seine Höhe beträgt etwa 70 cm, der mittlere Durchmesser ca. 25 cm, ohne die beidseitigen ovalen Verdickungen einzubeziehen. Offen bleibt, ob dieses *Lingam* auch als Teil eines *Kalachakra-Tantra* und Symbol sexualmagischer Riten angesehen wurde, dessen Ziel es war, Sexualität als weltliche und mythisch-spirituelle Macht und Energiefaktor zu nutzen. Die beiden seitlich angebrachten ovalen Verdickungen sind, wie das beim *Sukuh*-Tempel mit Kugeln dargestellt ist, zur Erhöhung des Lustempfindens der Frau unter die Haut einoperiert. Dies wird seit dem 14. Jahrhundert noch heute in einigen Ländern Süd-Ost-Asiens praktiziert, z.B. in Nord-Thailand. So wie beim Lingam des Sukuh-Tempels, der heute im Nationalmuseum in Jakarta steht, sind unter der Glans nur zwei ovale Verdickungen, statt deren vier angebracht.
Foto: R. Weber, Ceto-Tempel 2017.

bis zu einem Alter von 20 Jahren fließt beim Sexualkontakt eine positive Energie zum männlichen Partner. Sind die Frauen älter, schlägt diese positive Energie um, sie werden zu negativen Energieträgerinnen, von denen Hass, Wut und Zorn ausgeht, in der religiösen Auslegung sind sie Dämoninnen. Es wird den Schülern und Auserwählten des *Kalachakra*-Rituals der Auftrag erteilt, dem Meister die eigenen weiblichen Verwandten, Schwestern oder Kusinen für diese Sexualrituale zuzuführen.

Offen bleibt, ob das *Lingam* des *Ceto* und die Lehre des *Kalachakra-Tantra* in die Philosophie des Beraters *Sabda Palon* bereits eingebunden war oder ob es nur als Mysterium der Fruchtbarkeit verehrt wurde, wie dies heute auch noch geschieht.

Die neunte Terrasse wird fast ganz von dem (siehe Foto vorige Seite) Tempel eingenommen, der wie beim *Sukuh* in Form eines Pyramidenstumpfes erbaut wurde. Um den Tempel können Prozessionen geführt werden, jedoch ziehen es die heutigen Besucher und Pilger vor, den Tempel durch einen schmalen, eingelassenen Treppenaufgang zu besteigen, um auf der Plattform ihre Zeremonien abzuhalten. Diese gelten vermutlich weniger einer Gottheit, sondern zeigen die Form persönlicher Bitt- oder Dankgebete. Auch hier bringen die Teilnehmer Opfer dar, die in kleine Schälchen aus Schilf gelegt werden, so wie das heute in Bali noch üblich ist.

Rituale und sexuelle Praktiken um Sukuh und Ceto

Der Begriff *Tantra* bedeutet so viel wie 'die Lehre' oder auch 'das Gewebe'. Er taucht verstärkt in hinduistischen aber auch buddhistischen Texten etwa ab dem 5. Jahrhundert in Indien für etwa ein Jahrtausend auf und beschreibt in einer reich ausschmückenden, symbolhaften Sprachform mit einem mehr esoterischen Sprachgehalt die 'Lehren' oder das 'Gewebe' des *Tantraismus*. Esoterisch versteht sich als innerliches oder spirituelles Eindringen und Verstehen dieser Texte und auch der gelebten tantrischen Formen, denen für Außenstehende immer etwas Geheimnisvolles, auch Irrationales anhaftet.
Der *Tantraismus*, der etwa ab dem 8. Jahrhundert [Bau des *Borobudur*] mehr und mehr in *Java* an Einfluss gewann, wandte sich bewusst von einer bisher strengen orthodoxen Auslegung der *vedischen* Schriften ab, Unterschiede zwischen den Kasten und den Geschlechtern sollten sanfter werden, was durchaus einer Modernisierung entsprach. Rituale und Zeremonien tantrischer Praktiken offenbaren ihren Anhängern eine Erlösung von ewigen seelischen Qualen durch eine Reinwaschung. Dazu sollte mehr Genuss in menschliches Dasein einfließen, beispielhaft das Essen von Fisch und Fleisch, gerösteter Körner und das Trinken von Wein, auch die Befriedigung und freiere Ausführung sexueller Wünsche wurde nicht mehr durch die Lehre ganz abgelehnt, im Gegenteil, sie durften und sollten vermehrt gelebt, genossen und ausgeübt werden. Durch Übungen wie Yoga und eines individuellen Suchens [*Shakti*], sollte der Anhänger durch die Läuterung zur Erkenntnis und Erlösung gelangen. Alles dieses wird nicht ohne Beistände möglich sein, die von Brahmanen oder dazu Berufenen gegeben werden.
Es soll aber bemerkt werden, dass die ersten tantrischen Texte und ihre Auslegung erst nur wenigen elitären Gruppen wie Brahmanen, Aristokraten, gar Königen vorbehalten waren, was naturgemäß den Zugang anderer und gesellschaftlich niederer erschwerte oder ihn unmöglich machte. Es waren in erster Linie die in den Texten behandelten Fragen zur Macht, wie früher tantrische Texte sich überhaupt mit der Frage der Machterlangung, den Machtverhältnissen zwischen Menschen untereinander, zwischen Menschen und Dämonen oder anderen übernatürlicher Wesen und auch zwischen Menschen und den drei hinduistischen Hauptgottheiten gestaltete.
Aber all das heißt nicht, dass dieses so festgeschrieben war und dauerhaft Bestand hatte. Andere tantrische Anhängerschaften, Religionsgemeinschaften und Sekten gingen eigene Wege und legten die Texte nach ihren Vorstellungen aus, um auf ihrem Weg Erkenntnis und Erlösung zu erlangen, teilweise unter Einbezug von Schamanen oder dazu Berufenen [Schmiede als Metallurgen, Heiler etc.].
In einzelnen ländlichen Gebieten *Javas* zeigten sich schon bald urreligiöse Vorstellungen, die einem Fruchtbarkeitskult, auch dämonischen Mächten, großen Einfluss zudachten. Mit Unterstützung von *Schamanen* oder mit

vermeintlich magischen Kräften ausgestatteten Berufen wie beispielsweise die Schmieden, wurde in spirituellen Ritualen, wie sie etwa auf dem Schmiederelief des *Sukuh* zu sehen sind, Erlösung durch Reinigung gesucht, die nicht nur den Eliten vorbehalten war, sondern jedem Gläubigen zuteil werden sollte. Fruchtbarkeitsfeierlichkeiten wurden durch sexuelle Riten mit Tanz und Darstellung aller sexuellen Attribute zelebriert, wie solches die Lehren des *Vamacara*, der Lehre des 'linken Weges' oder der 'linken Hand' unter wissentlicher Umgehung und dem Bruch vieler sexueller Tabus es eröffnen. Das zeigte sich in einer wieder stärkeren Hinwendung zu Urformen von Fruchtbarkeitspraktiken, insbesondere bei Teilen der ländlichen Bevölkerung *Javas*, wie die Versammlungsorte *Sukuh* und *Ceto* es deutlicher nicht unterstreichen können. Es ist anzunehmen, dass diese beiden Stätten eine Abwendung von orthodoxen Lehren des Hinduismus hin zu Formen und Aufnahme eigener Vorstellungen, Wandlungen der Gottheiten, damit sie diese Vorstellungen aufnehmen und dem Bild der Gläubigen entsprachen. Garuda blieb Garuda, der *Pandava*held *Bhima* des *Mahabarata*-Epos wurde nach seiner Reinigung im *Sukuh* ein Fürsprecher und Kämpfer für diese Gläubige, die ihn deswegen auch um Hilfe angingen und ihn darum anflehten.

In der ausgehenden Majapahitära um 1400 bis 1500, muss eine intensive religiöse Auseinandersetzung innerhalb der Bevölkerung und den Anhängern des Hinduismus und indigener Altreligionen hier stattgefunden haben. Wie anders wären die vielzähligen Darstellungen wieder erweckten Göttern der Vorzeit, Männern aus bestimmten Kasten (Kriegerkaste), auch Geistwesen, Dämonen, Waldgnome zu erklären? Teils sind sie auch gepaart mit bekannten aber in ihrer religiösen Bedeutung veränderten Hindu Gottheiten. Im *Sukuh*-Tempel findet sich neben *Bhima*, *Garuda*, ebenso Göttin *Durga* und *Uma*, die die Gattin *Shivas* ist; *Shiva* selbst in Form des mächtigen *Lingams*, er aber nicht als Person und schon gar nicht zusammen oder in sexueller Vereinigung mit Gattin *Uma*. Auch erscheinen Personen aus diversen anderen Legenden, die bei der Wandlung des Wassers zu *amṛta* als Handelnde und Betroffene auftreten, denn alles in den Heiligtümern fokussiert sich auf das *amṛta,* jenes geheiligte Wasser, das Reinigung, Erlösung und Befreiung der Seelen verspricht. Unsterblichkeit wird nur insoweit durch das *amṛta* bewirkt, wie es eine ewige Reinigung der Seelen schafft. Göttliche Unsterblichkeit wie sie beim Quirlen des Urozeans entsteht, gehörte nicht zu den Aufgaben des *Sukuh* oder *Ceto*.

Schöpfung ist nicht unmittelbar Aufgabe und Thema des *Sukuh* Heiligtums, sieht man einmal ab von einer reinen Geburt oder Wiedergeburt, die jedoch im Zusammenhang mit der Seelenreinigung stehen. Ein Hinweis wird durch die Darstellung des weiblichen Uterus gegeben, aber eine Menschwerdung wird als nur möglicher Ausdruck des gereinigten und durch *amrta* erlösten Menschen gesehen, wie das die Darstellung am nördlichen Altar zeigt. Wäre zum Beispiel Schöpfung das vorrangige Thema, wären *Shiva* und *Vishnu* weitaus stärker eingebunden, *Shiva* wäre zusammen mit seiner Gattin *Uma* dargestellt, ganz so wie beim Tempel *Ijo*, nahe dem *Loro Jonggrang* [Prambanan]. Tempel *Ijo* feierte und zelebriert die Schöpfung zwischen *Shiva* und *Uma* in dem bekannten *lingam/yoni* Komplex als eine mystische Vereinigung zu der einen Schöpfung.

Es ist vorstellbar, dass von vorgeschichtlichen Religionen in dieser ländlichen Gegend Javas Fruchtbarkeitsriten gefeiert wurden, die orgiastische sexuelle Vorstellungen auslebten und so darf es nicht verwundern, wenn die Lehre und Inhalte des *Vamacara* mit sexuellen Tabus bricht, Tabus, die möglicherweise zu Vorzeiten des *Hinduismus* nie bestanden hatten und nun wieder eine Wiederbelebung erfuhren. Als damit *tantrische* sexuelle Vorstellungen dies noch unterstrichen und Geschlechtsverkehr mit keinem Tabu mehr belegt war, diese als 'göttlich' im Empfinden des Menschen und somit auch bei Anhängern und Gläubigen so erkannt wurden, fanden Anhänger in diesen Ritualen ihren Weg zu ihren Gottheiten, die sexuelle Vereinigung erlebten sie als eine göttliche Selbsterfahrung.

Bei einigen Artefakte des *Sukuh* Tempels zeigen sich kugelartige Auswuchtungen oder Anhänge in ausgeprägten Formen an den Phallusdarstellungen, die hier nicht mehr als Symbole, sondern in realer Weise dargestellt wurden. Diese Anhänge zeigen sich als Kugeln meist unmittelbar unter der Eichel, so wie dies die Abbildung Nr. 23 wiedergibt. *Lingams* in der hinduistischen Religion sahen in Phallusdarstellungen ein Symbol und göttliches Zeichen, eine Inkarnation *Shivas* für Fruchtbarkeit, ohne damit andere oder gar tantrische Auslegungen zu verbinden.

Lange schenkte man diesen durchaus bekannten, lokal betriebenen Praktiken keine Aufmerksamkeit und tat diese als Übertreibung bestimmter Gruppen ab. Durch die sprunghafte Erhöhung von HIV Erkrankungen gegen Ende des 20. Jahrhundert beschäftigten sich Wissenschaft und Gesundheitspolitik verstärkt mit Praktiken, die durch operative Veränderungen und Einpflanzungen das männliche Glied veränderten. Untersuchungen und Beobachtungen wurden im nördlichen Thailand von der Weltgesundheitsbehörde durchgeführt, weil es bis heute in diesem Gebiet üblich war, mit eingesetzten Kugeln oder Implantaten in oder unter die Penishaut eine Veränderung am männlichen Glied zu erreichen. Auch in anderen Ländern Südostasiens machte man ähnliche Beobachtungen, wenngleich nicht flächendeckend, sondern eher lokal. Ein Zusammenhang der Ausbreitung von HIV mit diesen schon vor vielen Jahrhunderten angewandten Praktiken wurde dabei mehr und mehr deutlich.

In chinesischen Annalen des Jahres 1392 n.u.Z. wurden in Aufzeichnungen zu *Siam*, dem heutigen Thailand, solche Operationen von penilen Implantaten festgehalten, die man lange nicht verstand. Darin heißt es: 'man schlitze den Penis eines Mannes mit sehr scharfen Messern auf, um Edelsteine in diesen Öffnungen und Wunden zu positionieren'.

Mehr wurde nicht dazu angegeben, eine Erklärung oder Begründung fehlt. Nur wenige Jahre später, man schrieb das Jahr 1433, werden mehr Details festgehalten: 'Einem zwanzigjährigen Mann wird die Haut seines Gliedes an verschiedenen Stellen mit einem scharfen Messer geöffnet, in die dutzende von kleinen Kugeln aus Zinn eingesetzt werden. Dann wird die Wunde verschlossen und mit Heilkräutern belegt und man wartet die Heilung ab. Die eingepflanzten Kugeln gleichen Trauben. Etliche Männer, besonders die der höheren Klassen, lassen sich diese Kugeln einpflanzen und es gibt schon Männer, die diese Operationen beruflich durchführen. Könige, hohe Würdenträger oder reiche Männer lassen sich Perlen aus Gold zusammen mit etwas Sand einpflanzen. Wenn man nach der Heilung umhergeht, so wird berichtet, hört man einen leisen Ton, mehr wie ein Klingeln, was dann als vornehm und elegant gilt. Männer niederer Klassen ließen das nicht machen'.

Weitere Forschungen brachten Gewissheit darüber, dass es in *Siam* tatsächlich seit Jahrhunderten Einpflanzungen in die Penishaut gibt. In Gesprächen mit Betroffenen über diese Praktiken stellte es sich für die Forscher so dar, als wünschten sich Frauen Männer mit Implantaten.

Einen noch älteren Hinweis fand man im indischen *Kama Sutra* aus dem 2. und dem 6. Jahrhundert. Die Aufzeichnungen sprechen darin von einer solchen Praxis in bestimmten Gegenden verschiedener Länder des indisch-südostasiatischen Raumes, mit ihr sollte eine Vergrößerung der sexuellen Lust und Freude erreicht werden.

Sehr bald fand die Forschung auch Hinweise auf den *Sukuh* Tempel im zentralen Java, waren doch bei einigen Objekten deutliche Merkmale von Implantaten an den *Phallen* zu sehen, die in natürlicher Form dargestellt waren. Die Darstellungen in *Sukuh*, wie auch *Ceto* gelten in der Forschung als Beispiele dafür, dass auch in *Java* schon sehr früh diese Praxis bekannt war, wie es Artefakte des *Ceto* und *Sukuh* ausdrücken und ab dem 14. Jahrhundert deutlich werden, was vermutlich mit der Veränderung in der Religion durch den Einfluss tantrischer Auslegungen im Zusammenhang steht.

Damit wäre eine erste mögliche Antwort auf die Frage nach der Bedeutung der bei dem großen *Lingam* der Abbildung Nr. 23 angebrachten Kugeln gegeben. Diese Kugeln dienten einer Erweiterung und Steigerung sexueller Freude und Lust. Offenbar hat man verschiedene Arten dieser Implantate gebraucht, denkt man dabei an die thailändischen Einpflanzungen von kleineren Kugeln, die dann die Haut ruppel- oder kuppelartig aussehen ließen und sie übermäßig veränderten, während man in *Java* weniger, aber dafür größere Kugeln einpflanzte. Zudem darf man die Arbeit der Steinmetze nicht außer Acht lassen, denn würde man viele kleine Hautklümpchen versuchen in Stein zu meißeln, wäre der Effekt nicht so groß, wie ihn vier größere Kugeln bewirken, die deutlich sichtbar am Phallus hervorquollen.

Fest steht, diese Operationen am männlichen Glied begannen für Süd-Ost-Asien im 14./15. Jahrhundert und erlangten durch bestimmte sexuelle Praktiken eine besondere Bedeutung. Die Praxis, das männliche Glied zu öffnen und mit Kugeln oder Kügelchen, Bällchen und allerlei anderen Beigaben aus verschiedenen Elementen und Stoffen zu verändern, war weit verbreitet,

auch wenn das nur bestimmte Klassen oder Gruppen für sich beanspruchten. Untersuchungen ergaben, dass bestimmte Formen in einigen Ländern nicht oder wenig und dafür andere besonders häufig gebraucht wurden, was vermutlich mit Vorschriften ihres *Adat* oder ihrer Religion zusammenhing. So ist bekannt, dass in Indonesien ein Stäbchen eingepflanzt wurde, daran man ein gezacktes Rädchen befestigte oder dahinter setzte, damit es nach vorne nicht abrutschen konnte. Von einigen *Dayak* Stämmen werden auf *Borneo* noch von Forschern des 19. Jahrhundert solche Einpflanzungen unter der Penishaut beschrieben, die alle einer Lusterhöhung beim Geschlechtsverkehr dienten.
Auch wird von traumatisch verlaufenden Operationen in Thailand (Siam) und ebenso von Indonesien berichtet, möglicherweise, weil sie sehr schmerzhaft waren und gelegentlich unter Gewaltanwendung durchgeführt wurden. Die öffnen eine ganz neue und andere Blickrichtung, wenn etwa der Eingriff nicht nur allein auf Lusterhöhung beim Sex zielte, sondern bewusst in religiöse Zeremonien oder Praktiken eingebunden wurde.
Aus all diesen Voraussetzungen schloss die Forschung auf eine starke Position der weiblichen Partner in sexuellen Fragen und Positionen. Frauen übernahmen eine große und aktive Verantwortung beim Werben um das "Liebemachen", ebenso beim Koitus selbst. Als Grund wurde die außerordentlich starke, ja dominante Stellung der Frau in Süd-Ost-Asien gesehen. Frauen haben große Bedeutung in den Familien, haben umfangreiche eigene Rechte, oftmals matrilineare Positionen mit hohen Scheidungsraten, die allein von ihnen ausgehen. So wundert es nicht weiter, wenn Männer durch Frauen gefordert waren zur Lusterhöhung beim Sex entsprechende Eingriffe vorzunehmen. Die außerordentlich hohe Stellung der Frau in Teilen Süd-Ost-Asien war deshalb schon immer ein besonders beachtetes Gesellschaftsmoment für den außenstehenden Betrachter.
Tantrische Praktiken wurden in *Java* teilweise bis in unsere Zeit gelebt und praktiziert. Mit dem Eindringen des *Islam* um das Jahr 1500 n.u.Z., fand zumindest der offizielle *Hinduismus* auf *Java* keine öffentliche Anhängerschaft mehr, ob im Verborgenen ist anzunehmen. Die Tempel wurden verlassen, teilweise zerstört, wie sich das auch am *Sukuh* zeigte, um einer vielleicht noch bestehenden Anhängerschaft die Versammlungsmöglichkeiten zu nehmen.
Der niederländische Gelehrte *WF Stutterheim* berichtet im Jahr 1932, er arbeitete damals in der Stadt *Solo* in Zentraljava, von für ihn schockierend klingenden Erzählungen, die ihm zugetragen wurden, und denen es galt nachzugehen, da diese Berichte ihn an *tantrische* Mythen und Riten des 15. Jahrhundert erinnerten.
Bei diesen besagten Zeremonien, von der Bevölkerung 'cantang balong' genannt, wurde nach den Erzählungen von Teilnehmern, die diese Zeremonien durchführten oder veranstalteten, ein Siegel getragen oder vorgezeigt, das einen *Phallus* in oder an einer herzförmigen *Vulva* zeigte, ganz so ähnlich,

wie das *lingam/yoni*-Zeichen im Eingang des Hauptportals vom *Candi Sukuh* (Abb. 7). Bei diesen Zeremonien traten Mädchen zum Tanz auf, sie nannten sich '*taledhek*' und tanzten zur Musik eines *Gamelan* Orchesters. Es war allen Teilnehmern klar, dass diese jungen Frauen als eine Art 'Prostituierten' diese Tanzzeremonien feierten und zeigten oder dazu beauftragt waren. Bei besonderen Gelegenheiten, so berichtete *WF Stutterheim* weiter, wurde auch ein Tanz dargeboten, den man 'den betrunkenen Elefanten' nannte, wobei der Tänzer ein Glas Gin in der Rechten hielt und mit der anderen einen Büffelknochen an einem Faden oder einer Schnur hielt, dessen Bedeutung jedoch unbekannt blieb. Dabei bestanden die Tanzschritte des '*catang balong*' aus einem schlichten Gehopse, man setzte und hob einen Fuß nach dem anderen, wiegte sich praktisch nur hin und her.

Es kam noch zu anderen Tanzformen beim '*cantang balong*'. Bei einem Tanz sollte dabei die Paarung von Hunden nachgespielt worden sein, ohne auch hier jedoch näheres hierzu angeben zu können. Ob gerade diese Form eine Verbindung zu *Ganesha* als 'König der Hunde' beinhaltete, wurde nicht in Erfahrung gebracht, wobei eine solche aber auch nicht völlig ausgeschlossen werden kann. Zu dem Relief des *Sukuh* tun sich dennoch bemerkenswerte Parallelen auf, denn einmal ist diese Figur des tanzenden Elefantenmenschen wie beim *cantang balong* im Mittelpunkt. Spielereien mit einem Hund treten ebenfalls auf und auf dem Relief des *Sukuh* trägt *Ganesha* ein Amulett, das vielleicht einen Knochen darstellen soll, aber heute durch die Zerstörungen am Relief nicht mehr erkannt werden kann. Weitere Mitteilungen waren aus dem Bericht *WF Stutterheims* nicht zu erlesen.

Eine ganz andere, ebenfalls auf tantrische Rituale zurückgehende Zeremonie wird bis heute auf dem *Gunung* [Berg] *Kemekus* bei der Stadt *Sragen* gefeiert, und zwar an einem Ort, der ansonsten ganz der menschlichen Trauer und dem Gedenken vorbehalten ist, nämlich auf einem Friedhof. Hier findet sich am *Gunung Kemekus* eine besondere Grabstätte, von der noch zu sprechen sein wird. Selbst das Eindringen einer neuen starken und ganz anderen Religion vermochte über Jahrhunderte diese tantrischen Elemente nicht aus dem Gedächtnis und den hier gerne gelebten magischen Vorstellungen der Bevölkerung zu eliminieren. Ganz im Gegenteil werden diese immer noch gefeiert, erlebt und zelebriert. Nicht nur Hinduglaubige feiern die Rituale, nur selten taucht hier heute ein Hindu auf, dafür sind es Menschen, die der neuen Religion zuzurechnen sind, aber bestimmte Praktiken der Religion ihrer Ahnen beibehalten wollen, was nur im Geheimen geschehen kann.

Es wird berichtet, dass diejenigen, die diese Zeremonie feiern, dieses Ritual nur zusammen mit der eigenen Frau feiern oder ausführen können. Es muss also ein Paar sein. Sollte es nun der eigenen Frau unmöglich sein daran teilzunehmen, was auch immer der Grund ihrer Ablehnung sei, dann kann und wird der gläubige männliche Anhänger das mit einer anderen Frau vollziehen, die er sich allein zu diesem Zweck nimmt oder engagiert. Das Ritual

bricht damit mit weiteren Tabus, weil der männliche Anhänger mit der eigenen oder zu diesem Zweck erwählten Partnerin den Geschlechtsverkehr auf diesem Friedhof in aller Öffentlichkeit vor Augen von Fremden vollzieht!
Dieser *Gunung Kemekus* [Berg Kemekus] liegt nahe der Stadt *Sragen*, *Sragen* wiederum bei *Klaten* in der Provinz *Solo*, heute *Surakarta* genannt in Mitteljava nahe dem großen und ständig feuerbereiten Vulkan *Merapie* . Auf dem *Gunung Kemekus* befindet sich das Grabmal eines früheren javanischen Prinzen mit dem wohlklingenden Namen SAMUDRA, der aus Liebe zu einer Frau starb. Aber sein Tod war nicht jener romantische Tod eines Liebenden wie etwa bei *Romeo und Julia* oder einer anderen Romanze, er liebte seine eigene Mutter! Mittlerweile erzählen sich die Menschen unterschiedliche Versionen seiner Liebe, schon um die Wirklichkeit abzumildern, aber alle beinhalten, dass der Prinz einer ungewöhnlichen, illegalen Liebe nachhing.
Sein Grab auf dem *Gunung Kemekus* sollte die Menschen immer an seine verbotene Liebe erinnern. Eine enge Steintreppe und ein Pfad führen nach oben und durch einen Haupteingang erreicht man schließlich seine umfriedete Ruhestätte. Der Weg ist beiderseits mit kleinen *Warungs* [Kiosk] umsäumt, Wasser und Knapperzeug sind da als Wegzehrung zu kaufen. Ein kleines, für das Vorhaben der Paare gebaute Haus, findet sich ebenfalls hier, wo sich die Paare dann später einfinden können, es sei denn, man wünscht sich die zeremonielle Vereinigung im Dunkeln und unter freiem Himmel.
Einzelne männliche Besucher, deren Ehefrauen es ablehnen mit ihnen diese Riten zu leben, erscheinen allein. Auf das Ritual brauchen sie mangels Frauen nicht verzichten, sie können sich eine Prostituierte auswählen, die hier schon lange Zeit ihren Dienst anbieten. Man könnte sich dabei vorstellen, man würde auf diese Art und Weise einer legalisierten Prostitution hier auf dem *Kemekus*-Berg dulden. Aber es finden sich auch nicht wenige fremde Frauen ein, die auf eine Ansprache warten, weil sie das Ritual ebenfalls feiern möchten. Sie sind weniger aufdringlich, da sie für sich kein Entgelt fordern.
Welche treibende Kraft mag hinter dieser Zeremonie stecken? Nicht allein in aller Öffentlichkeit intim zu werden, wenn da nicht der so fremd erscheinende Ort einer Totenstätte wäre. Warum muss diese Vereinigung gerade an diesem dafür wirklich nicht geeigneten Ort stattfinden? Darin mag schon eine der Antworten liegen, denn Prinz SAMUDRA ließ sein Leben für seine ungewöhnliche Liebe, er tat das Außergewöhnliche, um für sich das Geheime seines inneren Daseins zu erkennen.
Männer und Frauen, auch Ehepaare oder Paare auf Zeit oder für den Moment, die als Bürger des Landes in ordentlichen Verhältnissen leben, vollziehen die sexuelle Vereinigung für ihr sinnliches Erfahren und um das Ungewöhnliche unter diesen Umständen zu spüren und zu verinnerlichen. Es sind bestimmt keine Esoteriker, da sie sich beim ersten Besuch hier sicherlich innerlich betroffen fühlen und diesen ungewöhnlichen Weg beschreiten,

um die Geheimnisse tantrischer Mächte zu erfahren, vielleicht schon auf eine innere Erlösung hoffen. Es dürfte auch ziemlich klar sein, dass es der sexuelle Wunsch ist, der als treibende Kraft die Anhänger motiviert, sich unendlich stark zu zeigen, dass keine Macht der Welt sie nun aufhalten kann, kein böser eigener innerer Feind, kein Vorgesetzter, keine staatliche Gewalt, nichts kann die eigene Kraft und Energie bändigen: Man war hier hat sich überwunden, hat es auf dem Friedhof getan und erlebt.

Die Anhänger des *Kemekus*-Kultes erreichen den Ort bei Sonnenuntergang. Ein Freitag ist der ausgesuchte Tag, er heißt im javanisch-balinesischen Kalender "pon", geringer und deshalb weniger besucht ist der Freitag "kliwon". Der fünftägige javanisch-balinesische Wochenkalender liegt dieser Berechnung zu Grunde. Rechnet man den Tag in den julianischen Wochenkalender um, so erschein nach 35 Tagen immer wieder der Freitag "pon" als günstigster Zeitpunkt für das Ritual.

Die Paare halten sich bei Ankunft um das Grabmal des Prinzen auf, stehen auch entlang des Fußweges, der hier hinführt. Haben sich Paare gerade erst gefunden, dann stehen sie erst einmal nahe dem Prinzengrab. Dabei kann man nie sagen, wenn sich fremde Paare gebildet haben, diese Frau ist eine 'Prostituierte', denn es kommen wie gesagt durchaus viele andere fremde Frauen hierher. Nicht selten sind es Geschäftsfrauen, die wegen Problemen ihres Geschäftes dieses hier aufsuchen, auch familiäre Gründe spielen eine Rolle. Alle sagen, dass diese Zeremonie sie erleichtert, sie reinigt von den bösen Gedanken und Mächten. Es gibt sonst nichts Vergleichbares, insbesondere durch diese Art der Hingabe zum Sex.

Bevor die Paare dann den Schrein, das Grabmal verlassen, erbringen sie ein Weihrauchopfer in Form von Geld oder Blumen für den Wächter der Anlage. Dieser ist ein Muslim, der das für seine Arbeit fordert und dazu die Paare für das Ritual segnet. Die Paare schreiten zuerst um das Grabmal, ziehen sich dann in ihre Unterkünfte zurück und sind fremden Augen verborgen. Die manches Mal noch vorkommende Vereinigungen im Dunkeln unter den Sternen sind seltener geworden, schon deshalb, weil man zwischenzeitlich weitere kleine Kabinen dafür aufgestellt hat. Dieses war der Wunsch vieler Paare, die doch inzwischen mehr ihre Intimität gewahrt wissen wollen.

Für Außenstehende und Beobachter muss dieser aufdringliche und brüllende tantrische Aufschrei hier im ländlichen Java mehr ein pornographisches 'Sichzurschaustellen' sein, als ein wie auch immer geartetes und durchgeführtes religiöses Ritual oder mythische Zeremonie. Wie zuvor das *Sukuh*-Heiligtum nicht ein Ort erotischer Hingabe oder sexueller Darstellungen war, so wenig ist beim *Kemekus*-Ritual Sex weder Erotik noch Pornographie, er ist ein spiritueller und transzendentaler Akt, selbst wenn die Durchführung durch den sexuellen Beischlaf geschieht und zudem noch auf einem Friedhof vollzogen wird. Vergessen werden darf nicht, viele der Paare sind verheiratet, führen ihr Intimsein je nach ihrem Lebensalter aus, erleben auf dem *Kemekus* nicht in erster Linie den Akt selbst, das könnten sie angenehmer in ihren vier Wänden erleben, sondern erfahren Ort, Ablauf und das Danach als etwas Besonderes, das ganz ihrem inneren Empfinden freigestellt ist. Das Ritual wünscht den Paaren die Erweckung neuer Energien, damit sie von Dämonischem erlöst und reingewaschen werden und damit schließlich ihre Befreiung erreichen.

Die Kritiken sind deswegen weniger gehässig, es geht mehr um eine grundsätzliche Fragestellung dieses Phänomens, ob nämlich dieses wirklich eine wahrhaftige tantrische Zeremonie ist. Doch eine Antwort konnte nicht oder noch nicht schlüssig gegeben werden und damit ist *Kemekus* vorerst so zu akzeptieren. Bemerkenswert ist sicherlich, dass das Ritual inmitten einer Bevölkerung stattfindet, die zum überwiegenden Teil ganz anderen Religionen angehört, Anhänger der Hindureligion soll man in den letzten Jahren hier nicht angetroffen haben.

Reiseblatt Tempel Sukuh und Ceto am Vulkan Lawu

Beide Tempel wurden erst im 15. Jahrhundert erbaut und sind zeitlich die letzten Tempelbauten der hinduistisch-buddhistischen Zeit Javas. Sie stellen in jedem Fall eine Ausnahme dar, da religiöse Kulte der Vorzeiten wie Fruchtbarkeit-, Reinigungs- und Befreiungsriten wiedererwachten. Viele heutige Besucher sehen diese Tempel auch als Sex-Tempel an, da sie eindeutige Abbildungen menschlicher Geschlechtsteile zeigen, die mehr als nur eine künstlerische Darstellung sind.

Da die Tempel etwas abseits der übrigen Routen liegen, sollte man mindestens einen Reisetag von *Yogjakarta* über *Surakarta* (*Solo*) dafür einplanen. Das Bequemste ist es sich für diesen Tag ein Auto mit Fahrer zu mieten. Vergewissern Sie sich, dass der Fahrer auch die Strecke bis zu den Tempeln kennt, was keinesfalls selbstverständlich ist. Die Kosten dürfen pro Tag etwa bei 40 Euro (600 000 bis 700 000 IDR im Jahr 2018) für Wagen und Fahrer liegen und schließen den Treibstoff ein.

Eine mehr ansprechende Reise wäre die Alternative mit der Eisenbahn von *Yogjakarta* bis *Surakarta* (*Solo*). Fragen Sie bei der Bahnverwaltung oder einem Reisebüro nach Verbindungen und Ticket. Es steht eine ganze Reihe von Zügen vom "Bummelzug", der etwas mehr als eine Stunde für die Fahrt benötigt und einem schnelleren "Expresszug" zur Verfügung. Die Preise für die einfache Fahrt bewegen sich in einem sehr freundlichen Preisniveau von einem bis etwa zwei Euro pro Person und einer Fahrtstrecke. Die Rückreise von *Surakarta* (*Solo*) nach *Yogjakarta* können Sie natürlich mit buchen.

In Surakarta (*Solo*) angekommen, können Sie dann etwa für 400 000 IDR einen Wagen bis zu den Tempeln mieten. Besonders die Fahrt durch die Bergregion des Vulkans *Lawu* wird ein unvergessliches Erlebnis sein. Unterwegs besuchen Sie eines der vielen Restaurants an den Hängen des Vulkans *Lawu* und lassen sich ein *Ayam Kampung* (Huhn vom Dorf) munden.

Das sind junge Brathähnchen, die ganz auf natürliche Art und Weise in Feld, Wald oder Wiese umherliefen und nun goldgelb gebrutzelt serviert werden. Es wird ein besonderer Leckerbissen für Ihren Gaumen sein. Auch Enten sind genüsslich!

Zuerst sollte der Weg der Anreise zum *Ceto*-Tempel führen, denn er ist am Morgen noch frei von sich später auftürmenden Wolken, weshalb auch eine frühe Abfahrt ins Auge gefasst werden sollte. Am frühen Nachmittag geht die Reise vom *Ceto* zum *Sukuh*, der dann von der westlich stehenden Sonne angestrahlt wird.

Nicht allzu spät und noch beim Sonnenschein wird die Rückreise angetreten. Züge gehen fast stündlich von Surakarta nach Yogjakarta.

Eine weitere Möglichkeit könnte ein kurzer Hotelaufenthalt in *Surakarta* (*Solo*) und ein Besuch im Sultanspalast sein, wo ein Tag zum Besuch der beiden Tempel reserviert sei.

Hilfreich dürfte in jedem Fall eine Landkarte dieser Gegend sein. Empfehlenswert sind Karten aus dem „world mapping project", das von der Firma Reise Know-How betrieben wird. Die Java-Karte hat einen Maßstab von 1: 650.000 und ist vollkommen ausreichend.

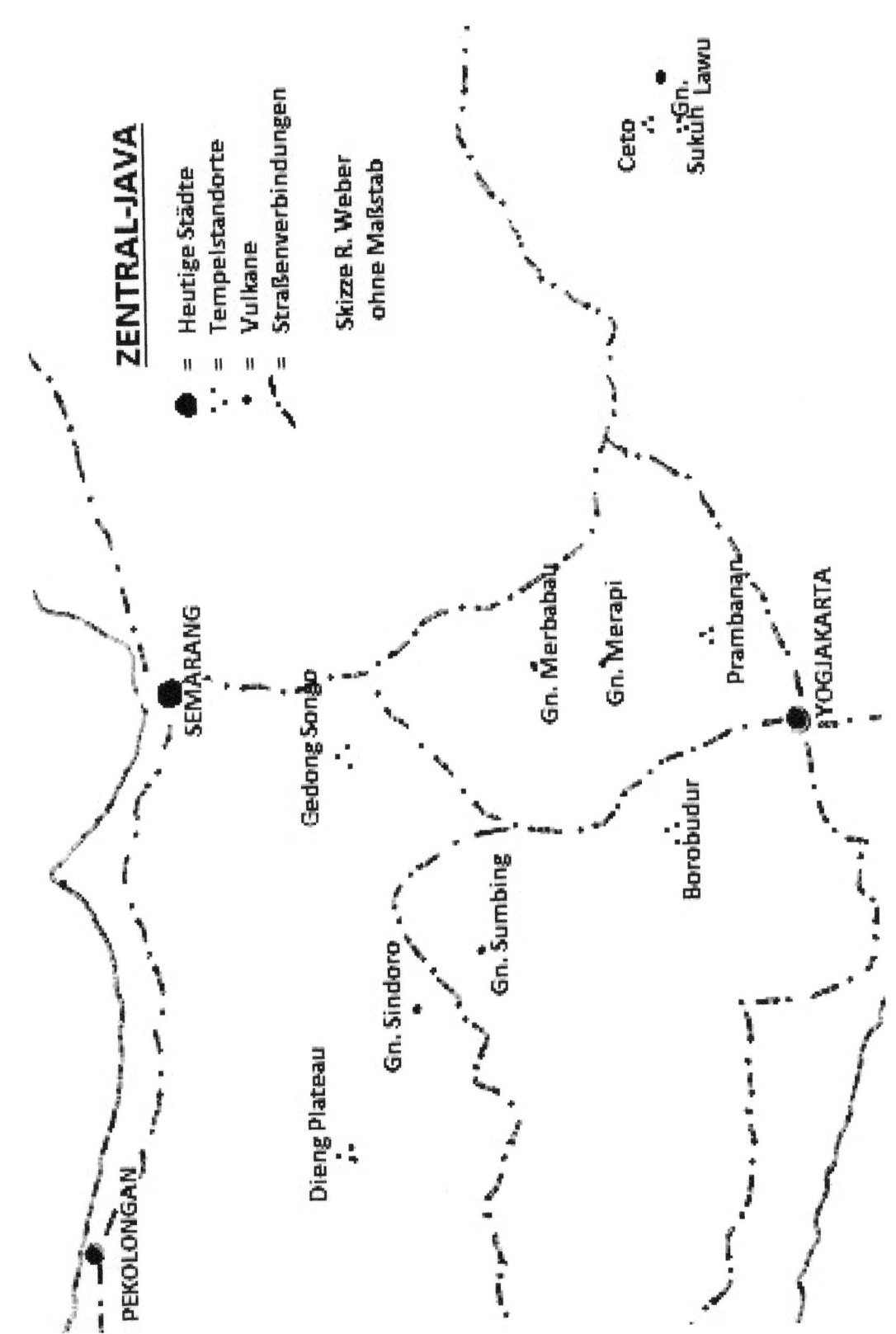

Rolf Weber wohnt seit 2004 auf der Insel Bali in Indonesien. Er arbeitet auf Anfragen von Besuchern als Reisebegleiter im gesamten Raum Süd-Ost-Asien mit dem Schwerpunkt Tempelanlagen. Vor dieser Zeit lebte und arbeitete er in Deutschland als Lehrer an Förderschulen und Berufsschulen.

Neben seinem Beruf galt sein lebenslanges Interesse der Historie, das zu einer Reihe von Publikationen zur mittelalterlichen Geschichte des Hunsrücks und umliegender Regionen führte, Die Beschäftigung mit Paläographie, Urkundenlehre und Archivkunde, sowie ein Studium der Archäologie und Ägyptologie schufen die Grundlage für weitergehende historische Projekte. Eines davon ist nach seinem Ortswechsel nach Denpasar in Bali, die Erforschung und Beschreibung südostasiatischer Tempelbauten. Diese teils vergessenen, heute kaum besuchten Tempel sind einzigartige Denkmäler, sie verdienen die Aufmerksamkeit des an der Geschichte und Kultur Süd-Ost-Asiens interessierten Reisenden. Dieses Interesse zu wecken, zu informieren und Wege zu beschreiben ist die Absicht dieses Buches.